C.H.BECK WISSEN

Dank Thomas Piketty und seinem Weltbestseller «Das Kapital im 21. Jahrhundert» ist das Thema Ungleichheit aus der aktuellen Diskussion nicht mehr wegzudenken. Seine in Frankreich in vielen Auflagen erschienene «Ökonomie der Ungleichheit» führt in die wirtschaftlichen Zusammenhänge hinter dem Phänomen der ungleichen Einkommensverteilung ein. Kurz und prägnant erklärt er, wie Ungleichheit entsteht, wie Ökonomen sie messen, in welchem Missverhältnis Arbeitseinkommen und Kapitalerträge zueinander stehen und was zu der ungleichen Verteilung der Arbeitseinkommen führt. Dabei geht es ihm insbesondere um die Frage, welche Möglichkeiten die Politik hat, der Ungleichheit durch Umverteilung zu begegnen, ohne die wirtschaftliche Entwicklung zu behindern und Arbeitsplätze zu gefährden.

Thomas Piketty, geb. 1971, ist Professor an der Pariser École d'Économie. Bei C.H.Beck liegen von ihm vor: *Die Schlacht um den Euro* (2015) und *Das Kapital im 21. Jahrhundert* (2014).

Thomas Piketty

ÖKONOMIE DER UNGLEICHHEIT

Eine Einführung

Aus dem Französischen übersetzt
von Stefan Lorenzer

Verlag C.H.Beck

Titel der französichen Originalausgabe
«L'économie des inégalités»

Mit 9 Tabellen und 2 Grafiken

Originalausgabe

Satz, Druck und Bindung: Druckerei C.H.Beck, Nördlingen
Reihengestaltung: Uwe Göbel, München
Printed in Germany
ISBN 978 3 406 69846 0

www.chbeck.de

Inhaltsverzeichnis

Vorbemerkung

Das vorliegende Buch wurde 1997 geschrieben und erstmals veröffentlicht. Seither ist es mehrfach durchgesehen und wiederaufgelegt worden. Dennoch muss betont werden, dass sein Gesamtaufbau seit 1997 unverändert geblieben ist. Es gibt also im Wesentlichen den Erkenntnisstand von 1997 und die damals verfügbaren Daten wieder. Daher werden insbesondere die in den letzten fünfzehn Jahren vorgelegten internationalen Untersuchungen zur historischen Dynamik der Ungleichheit nicht ausreichend berücksichtigt. Lesern, die sich für eine eingehendere Darstellung dieser historischen Untersuchungen und die Lehren interessieren, die man aus ihnen ziehen kann, sei empfohlen, einen Blick in die *World Top Incomes Database* (online verfügbar) und mein Buch *Das Kapital im 21. Jahrhundert* (C.H.Beck, 2014) zu werfen.

Einleitung

Die Frage der Ungleichheit und Umverteilung steht im Zentrum eines politischen Grundkonflikts. Etwas vereinfacht wird man sagen können, dass sich traditionell zwei Positionen gegenüberstehen.

Auf der einen Seite versichert uns die liberale Position, langfristig seien allein die Kräfte des Marktes, Eigeninitiative und Produktionssteigerung in der Lage, Einkommen und Lebensbedingungen auch und gerade der Benachteiligten zu verbessern. Staatliche Umverteilungsmaßnahmen sollten daher nur in mäßigem Umfang erfolgen und sich auf Instrumente beschränken, die jene segensreichen Marktmechanismen möglichst wenig stören, wie z.B. die negative Einkommensteuer des integrierten Steuer- und Transfersystems von Milton Friedman [1962].

Auf der Gegenseite versichert uns die traditionelle, von den Sozialisten des 19. Jahrhunderts und den Gewerkschaften ererbte Position der Linken, allein soziale und politische Kämpfe könnten das vom kapitalistischen System gezeitigte Elend der Benachteiligten lindern. Staatliche Umverteilungsmaßnahmen sollten es daher nicht dabei belassen, zur Finanzierung von Transferleistungen Steuern zu erheben, sondern ins Zentrum des Produktionsprozesses selber eingreifen, um die Funktionsweise des Marktes, die der Aneignung der Gewinne durch die Kapitalbesitzer und den Lohnungleichheiten zugrunde liegt, als solche infrage zu stellen.

Dieser Links/Rechts-Konflikt zeigt zunächst, dass die Uneinigkeit über Opportunität und konkrete Form staatlicher Umverteilung weniger auf unterschiedliche Auffassungen von sozialer Gerechtigkeit, als vielmehr darauf zurückgeht, dass die jeweilige Analyse der wirtschaftlichen und sozialen Mechanismen, die Ungleichheit hervorbringen, zu entgegengesetzten Ergebnissen kommt. Tatsächlich gibt es einen gewissen Grundkonsens über Prinzipien sozialer Gerechtigkeit. Wenn Ungleichheit zumindest teilweise Faktoren geschuldet ist, für die man den Einzelnen nicht verantwortlich machen kann, da sie seinem Einfluss entzogen sind, wie etwa das Startkapital, das er seiner Herkunft oder glücklichen Umständen verdankt, dann ist es gerecht, wenn der Staat die Chancen und Lebensumstände der Benachteiligten, also derjenigen zu verbessern sucht, die mit besonders misslichen unbeeinflussbaren Faktoren zu kämpfen haben. Moderne Theorien sozialer Gerechtigkeit haben diese Idee in Gestalt des Maximin-Prinzips zum Ausdruck gebracht: Eine gerechte Gesellschaft muss die Minimalbedingungen und Chancen maximieren, die das Sozialsystem dem Einzelnen bietet. Ausdrücklich eingeführt von Serge-Christophe Kolm [1971] und John Rawls [1972], findet sich dieses Prinzip der Sache nach schon sehr viel früher, etwa in der theoretisch weithin anerkannten Idee, es sollten allen möglichst weitreichende gleiche Rechte garantiert werden. Der eigentliche Konflikt betrifft meist weniger abstrakte Prinzipien sozialer Gerechtigkeit als die Frage, wie sich die Lebensbedingungen der am stärksten Benachteiligten konkret verbessern lassen, und wie weit die allen eingeräumten gleichen Rechte tatsächlich gehen können.

Nur eine sorgfältige Analyse der sozio-ökonomischen Mechanismen, die Ungleichheit hervorbringen, wird daher die beiden Extremvorstellungen von Umverteilung auf ihren jeweiligen Wahrheitsgehalt prüfen können – und damit vielleicht zu einer nicht nur gerechteren, sondern auch effizienteren Umverteilung beitragen. Dieses Buch will den gegenwärtigen Stand der Erkenntnisse vorstellen, die uns auf diesem Weg voranbringen können.

Das Beispiel dieses Links/Rechts-Konflikts wirft vor allem ein Licht darauf, wie wichtig der Unterschied zwischen verschiedenen Typen und Instrumenten der Umverteilung ist. Soll man den Markt und sein Preissystem gewähren lassen und sich auf Umverteilung durch Steuern und Transferleistungen beschränken? Oder braucht es einen strukturellen Eingriff in die Funktionsweisen des Marktes, die Ungleichheit hervorbringen? Dieser Alternative entspricht, in der Sprache der Ökonomen, die Opposition von reiner und effizienter Umverteilung. Reine Umverteilung ist dann angebracht, wenn das Marktgleichgewicht zwar effizient im Sinne Paretos ist, also keine Möglichkeit einer Umstrukturierung von Produktion und Ressourcenallokation besteht, bei der alle gewinnen, wenn aber aus Gründen der sozialen Gerechtigkeit dennoch eine Umverteilung von den Bessergestellten zu den Schlechtergestellten erforderlich ist. Effiziente Umverteilung dagegen ist dann angebracht, wenn Marktunvollkommenheiten die Möglichkeit einschließen, sowohl die Pareto-Effizienz der Ressourcenallokation als auch die Verteilungsgerechtigkeit zu verbessern.

In den politischen Auseinandersetzungen der Gegenwart wird diese Opposition von reiner und effizienter Verteilung häufig mit der Opposition zwischen einer moderaten und einer ambitionierten Umverteilung verwechselt. Eine kompliziertere Gestalt hat dieser überkommene Links/Rechts-Konflikt angenommen, seit manche Linke für die Einführung eines «bedingungslosen Grundeinkommens» für jeden Bürger eintreten, das sich ausschließlich durch Steuern finanziert, keinen direkten Einfluss auf das Spiel der Marktkräfte nimmt und sich von Friedmans negativer Einkommenssteuer allein dem Umfang nach unterscheidet.

Die Frage nach den Instrumenten der Umverteilung fällt denn auch, allgemeiner gesprochen, nicht zwangsläufig mit der Frage nach dem Umfang der Umverteilung zusammen. Dieses Buch wird sich um den Nachweis bemühen, dass man gut daran tut, beide Fragen gesondert zu behandeln, da sie nach ganz unterschiedlichen Erwägungen und Antworten verlangen.

Um sich diesen Fragen zu nähern und die wichtigsten Sachverhalte herauszustellen, denen eine Theorie der Ungleichheit und der Umverteilung Rechnung tragen muss, ist es hilfreich, die historischen Hintergründe und Größenordnungen der heutigen Ungleichheit in Erinnerung zu rufen (Kapitel 1). Die beiden folgenden Kapitel (Kapitel 2 und 3) sind den Hauptmechanismen gewidmet, die Ungleichheit erzeugen, und möchten nicht nur die politischen Einsätze in den intellektuellen Auseinandersetzungen zwischen den Theorien, sondern auch die beobachtbaren Tatsachen herausstellen, auf deren Grundlage sich diese Auseinandersetzungen nur entscheiden lassen. Kapitel 2 behandelt mit der Ungleichheit von Kapital und Arbeit eine fundamentale Ungleichheit, von der die Analyse der sozialen Frage seit dem 19. Jahrhundert zutiefst geprägt wurde. Kapitel 3 wird sich mit der Ungleichheit der Arbeitseinkommen selber beschäftigen, die vielleicht zum zentralen Problem im Kontext gegenwärtiger Ungleichheit geworden ist – wenn sie das nicht immer schon war.

Erst wenn diese Befunde zusammengetragen sind, wird sich die wesentliche Frage, nämlich die Frage nach den Bedingungen und Instrumenten der Umverteilung, wieder aufgreifen und vertiefen lassen (Kapitel 4). Besondere Aufmerksamkeit wird dabei der Ungleichheit und Umverteilung in Frankreich gelten, obwohl die verfügbaren Daten und Analysen eher dürftig sind – in auffälligem Kontrast zu der Aufmerksamkeit für die Arbeitslosigkeit, die soziale Kluft etc. in den öffentlichen Debatten der 1990er-Jahre. Daher werden wir mitunter auf Studien zu anderen Ländern, namentlich den Vereinigten Staaten, zurückgreifen müssen, um die vorgestellten Theorien zu veranschaulichen und zu bestätigen oder aber zu widerlegen.

I. Ausmaß und Entwicklung der Ungleichheit

In welchen Größenordnungen bewegt sich die gegenwärtige Ungleichheit? Verdienen die Reichen in einer bestimmten Gesellschaft zweimal mehr als die Armen? Zehnmal mehr? Hundertmal mehr? Und wie verhält sich dieses Einkommensgefälle zu dem in anderen Ländern und zu anderen Zeiten? War es im Jahr 1950 ebenso groß wie um 1900 oder um 1800? Ist die Arbeitslosigkeit in den westlichen Ländern der 1990er-Jahre die vorherrschende Gestalt der Ungleichheit?

Verschiedene Einkommensarten

Was sind die verschiedenen Einkommensquellen der Haushalte? Tabelle 1 schlüsselt die Einkünfte von etwa 24 Millionen französischen Haushalten im Jahr 2000 nach verschiedenen Kategorien auf: Löhne und Gehälter, Einkünfte aus selbstständiger Arbeit (Bauern, Einzelhändler, Rechtsanwälte ...), Altersrenten, andere Transfereinkommen (Arbeitslosengeld, Familienbeihilfe) und Vermögenseinkünfte (Zinsen, Dividenden, Mieten etc.).

Was lernen wir aus Tabelle 1? Zunächst, dass 58,8% des Gesamteinkommens der Haushalte aus Löhnen und Gehältern und weitere 5,8% aus selbstständigen Einkünften, also insgesamt beinahe zwei Drittel aus Arbeitseinkommen bestehen. Weiterhin machen Sozialeinkommen mehr als 30% der Haushaltseinkommen aus, von denen wiederum zwei Drittel auf Altersrenten entfallen. Und nur etwa 5% des Gesamteinkommens der Haushalte sind Kapitaleinkommen. Es ist freilich kein Geheimnis, dass Kapitaleinkommen von Haushalten in Einkommenserhebungen nicht korrekt angegeben werden. Die Volkswirtschaftlichen Gesamtrechnungen kommen anhand der

Zahlen, die Unternehmen und Banken über ausgeschüttete Zinsen und Dividenden vorlegen, zu einer höheren Schätzung des Anteils der Kapitaleinkommen am Gesamteinkommen der Haushalte von etwa 10% [INSEE, 1996b, S. 26–29]. Aber alle Quellen sind sich gleichwohl darin einig, dass die Arbeitseinkommen der Haushalte mindestens das Sechs- bis Siebenfache ihrer Kapitaleinkommen ausmachen. Dabei handelt es sich um ein allgemeines Kennzeichen der Einkommensverteilung in den westlichen Ländern [Atkinson et al., 1995, S. 101]. Mit dieser Schätzung ihres Anteils auf 5% oder 10% wird allerdings die Bedeutung der Kapitaleinkommen für Wirtschaft und Gesellschaft insgesamt zu niedrig veranschlagt, da ein erheblicher Teil der Kapitaleinkommen von Unternehmen nicht an ihre Besitzer, die Haushalte, ausgeschüttet wird (siehe Kapitel 2).

Welchen Anteil die unterschiedlichen Einkommensarten am Haushaltsvermögen haben, hängt freilich stark davon ab, ob man arm oder reich ist. Um das genauer zu analysieren, ist es hilfreich, zwischen verschiedenen Dezilen der Einkommensverteilung zu unterscheiden. Das erste Dezil, in der Tabelle als D1 bezeichnet, versammelt die 10% der Haushalte mit dem niedrigsten Einkommen, das zweite Dezil (D2) die folgenden 10%, und so weiter bis zum zehnten Dezil (D10), also den reichsten 10% der Haushalte. Einer präziseren Beschreibung halber greifen wir auch auf den Begriff des Perzentils zurück. Das erste Perzentil versammelt die ärmsten 1% der Bevölkerung, und so weiter bis zum hundertsten Perzentil. Diese Begriffe bezeichnen Untergruppen der Bevölkerung (in Frankreich im Jahr 2000 pro Dezil 2,4 Millionen und pro Perzentil 240000 Haushalte), für die man zum Beispiel das Durchschnittseinkommen berechnen kann. Sie dürfen daher nicht mit dem Begriff der Einkommensobergrenze verwechselt werden, die zwei Einkommensgruppen voneinander trennt und mit dem Buchstaben P bezeichnet wird. P10 repräsentiert zum Beispiel die Einkommensobergrenze, unterhalb derer 10% der Haushalte, P90 die Obergrenze, unterhalb derer 90% der Haushalte liegen, etc. In Tabelle 1 repräsentiert P90–P95 die Gesamtheit der Haushalte zwischen der Obergrenze des 90sten und der Obergrenze des 95sten Perzen-

Tabelle 1: Verschiedene Arten von Haushaltseinkommen

	Löhne	Selbstständigen-einkommen	Renten	Transfer-leistungen	Vermögens-einkommen
Durch-schnittslohn	58,8	5,8	21,3	9,5	4,6
D1	17,9	1,7	43,2	34,2	3,1
D2	30,0	2,3	44,6	20,7	2,4
D3	38,3	2,9	40,8	15,1	2,9
D4	44,3	2,7	35,7	14,3	3,1
D5	50,6	2,6	28,9	14,6	3,4
D6	58,4	3,6	22,0	12,4	3,6
D7	63,3	3,4	19,8	10,4	3,2
D8	66,5	3,3	18,7	7,6	3,9
D9	68,6	4,6	16,6	5,6	4,6
P90–P95	70,2	7,0	13,4	4,1	5,3
P95–P100	63,6	16,4	8,4	2,9	8,8

«D1» repräsentiert die ärmsten 10% der Haushalte, «D2» die folgenden 10%, und so weiter. «P95–100» repräsentiert die reichsten 5% der Einkommen, «P90–95» die vorhergehenden 5%. Löhne machen im Durchschnitt 58,8% des Gesamteinkommens aller Haushalte aus, 17,9% des Haushaltseinkommens der ärmsten 10%, 30% bei den folgenden 10% und 63,5% bei den reichsten 5%.

Die Selbstständigeneinkommen umfassen Einkünfte aus Land- und Forstwirtschaft, aus Gewerbebetrieb und nichtgewerbliche Einkünfte. Die Transferleistungen umfassen Familienbeihilfe, Arbeitslosengeld, Mindesteinkommen ... Die Kapital- oder Vermögenseinkommen umfassen Dividenden, Zinsen und Mieteinkünfte. Die Einkommen sind um sämtliche Sozialabgaben bereinigt.

Quelle: Untersuchung der Haushaltsbudgets 2000, INSEE (Berechnungen des Autors).

tils, das heißt die erste Hälfte des zehnten Dezils, während P95–P100 die zweite Hälfte des zehnten Dezils repräsentiert, das heißt die fünf reichsten Perzentile.

Tabelle 1 zeigt, dass in den Haushalten von D1 im Wesentlichen Kleinrentner und Arbeitslose leben. Der Lohn, den sie beziehen, macht im Durchschnitt weniger als 18% ihres Einkommens aus, gegenüber fast 80% aus Sozialeinkommen. Mit steigendem Einkommen wird in dem Maße, in dem Rentner und Arbeitslose weniger werden, der Anteil der Löhne und Gehälter am Gesamteinkommen größer, um bei den reichsten 5% der Haushalte (P95–P100) wieder leicht zurückzugehen, da deren Einkünfte zu einem beträchtlichen Teil aus Vermögenseinkünften, vor allem aber Einkünften aus selbstständiger Arbeit bestehen. Diesen Einkünften aus selbstständiger Arbeit kommt eine Zwischenstellung zwischen Arbeits- und Vermögenseinkommen zu, da sie nicht nur die Arbeit des Landwirts, des Arztes, des Gastronomen etc., sondern auch die von ihnen getätigten Investitionen vergüten. Gleichwohl machen Löhne und Gehälter auch bei den sehr wohlhabenden Haushalten einen nicht unerheblichen Teil des Einkommens aus: Die reichsten 5 % der Haushalte beziehen sehr viel mehr Arbeits- als Vermögenseinkommen, ganz gleich, welche Schätzung man zugrunde legt. Man muss sich in der Einkommenspyramide noch weiter nach oben bewegen, bevor Löhne und Gehälter nicht mehr den Hauptteil der Einkünfte ausmachen [Piketty, 2001].

Lohnungleichheit

Wie sind Löhne und Gehälter als die bei Weitem wichtigste Einkommensquelle der Haushalte verteilt? Tabelle 2 beschreibt die Lohnungleichheit unter den etwa 12,7 Millionen Vollbeschäftigten des privaten Sektors in Frankreich im Jahr 2000.

Die am schlechtesten entlohnten 10% der Arbeitnehmer erhalten ungefähr den Mindestlohn. Der Durchschnittslohn im untersten Dezil (D1) beträgt damit 890 Euro netto. Der Medianlohn (P50), seiner Definition nach das Lohnniveau, unter dem 50% der Lohnempfänger liegen, beträgt 1400 Euro. Er liegt über dem Durchschnittslohn von 1310 Euro im fünften Dezil, da dieses aus den Lohnempfängern zwischen P40 und P50 besteht. Und er liegt vor allem unter dem Durchschnittslohn von 1700 Euro im Jahr 2000, denn die obere Hälfte der Lohnverteilung hat eine sehr viel größere Spreizung als die untere Hälfte, sodass die sehr hohen Löhne dafür sorgen, dass der Durchschnittslohn über dem Medianlohn liegt. Im Übrigen haben die bestbezahlten 10% der Arbeitnehmer, die mindestens 2720 Euro im Monat verdienen, einen Durchschnittslohn, der 4030 Euro im Monat, also fast zweimal mehr als der Durchschnittslohn der folgenden 10% beträgt (2340 Euro).

Ein hilfreicher Indikator für die Gesamtungleichheit der Löhne

Tabelle 2: Lohnungleichheit in Frankreich, 2000

	Monatslohn in Euro		
Durchschnittslohn	1700		
D1	890	900	P10
D2	1000		
D3	1110		
D4	1210		
D5	1310	1400	P50
D6	1450		
D7	1620		
D8	1860		
D9	2340	2720	P90
D10	4030		

«D1» repräsentiert die am schlechtesten bezahlten 10% der Arbeitnehmer, «D2» die folgenden 10%, und so weiter. «P10» ist die Lohngrenze, die D1 und D2 trennt, «P50» die Lohngrenze, die D9 und D10 trennt. Die am schlechtesten bezahlten 10% erhalten alle pro Monat einen Lohn unter 900 Euro und einen Durchschnittslohn von 890 Euro, die bestbezahlten 10% alle mehr als 2720 Euro und im Durchschnitt 4030 Euro.

Monatslöhne von Vollzeitbeschäftigten des privatwirtschaftlichen Sektors, um Prämien sowie um alle Sozialabgaben bereinigt.

ist das Interdezilverhältnis P90/P10, das heißt das Verhältnis der Untergrenze des zehnten Dezils zur Obergrenze des ersten Dezils. Im Fall der Lohnungleichheit in Frankreich im Jahr 2000 beträgt dieses P90/P10-Verhältnis 2720/900, also etwa 3,0: Wer zu den bestbezahlten 10% gehören will, muss mindestens dreimal mehr verdienen als jemand, der zu den am schlechtesten bezahlten 10% zählt. Dieser Indikator ist nicht mit dem D10/D1-Verhältnis zu verwechseln, also dem Verhältnis des Durchschnittslohns im zehnten Dezil zum Durchschnittslohn im ersten Dezil, das per definitionem höher liegt, im vorliegenden Fall 4030/890, also 4,5: Die bestbezahlten 10% in Frankreich verdienen durchschnittlich 4,5-mal mehr als die am schlechtesten bezahlten 10%. Aus Tabelle 2 lässt sich auch der Anteil der bestbezahlten 10% an der Gesamtlohnsumme ermitteln. Wenn der Durchschnittslohn in D10 um das 2,37fache höher als der Durchschnittslohn ist (4030/1700 = 2,37) und die

Lohnempfänger in D10 per definitionem 10% der Gesamtzahl der Lohnempfänger ausmachen, dann verdienen sie 23,7% der Gesamtlohnsumme.

Es gibt andere Indikatoren, mit denen man die Ungleichheit der Gesamtverteilung und nicht allein die Kluft zwischen oberstem und unterstem Dezil messen kann, etwa den Gini-Koeffizienten und die Theil- und Atkinson-Indizes [Morrisson, 1996, S. 81–96], aber Indikatoren vom Typ der Interdezilverhältnisse, also P90/P10, D10/D1, P80/P20, etc., sind sehr viel einfacher und anschaulicher. Da das P90/P10-Verhältnis den Vorzug hat, für eine Reihe von Ländern relativ verlässliche Zahlen zu bieten, werden wir es in diesem Kapitel häufiger zurate ziehen.

Um einen vollständigeren Überblick über die Lohnungleichheiten zu gewinnen, müsste man auch die Löhne im öffentlichen Dienst berücksichtigen (Staat, Kommunen, öffentliche Unternehmen). In Frankreich erhalten die 4,1 Millionen Vollzeitbeschäftigten des öffentlichen Sektors einen Lohn, der leicht über dem des privaten Sektors liegt, und die Lohndifferenzen sind deutlich geringer: So beträgt etwa das P90/P10-Verhältnis bei Staatsbediensteten 2,6 [INSEE, 1996d, S. 55].

Internationale Vergleiche. Liegt das Interdezilverhältnis P10/P90 für Löhne und Gehälter überall bei 1 zu 3? Tabelle 3 zeigt die P90/P10-Verhältnisse für vierzehn OECD-Staaten im Jahr 1990. Wie man sieht, liegt Frankreich in der Mitte zwischen Deutschland und den nordischen Ländern einerseits, wo der Quotient im allgemeinen um die 2,5 beträgt und bis auf 2 sinken kann, und den angelsächsischen Ländern andererseits, wo der Quotient 3,4 in Großbritannien, 4,4 in Kanada und 4,5 in den Vereinigten Staaten erreicht. Die Zahlen von Tabelle 2 beziehen sich für sämtliche Länder nur auf Vollzeitbeschäftigte. Es ist wichtig, das zu betonen, da eine Berücksichtigung von Teilzeitbeschäftigten, deren Zahl sich im Jahr 2000 in Frankreich auf 3,1 Millionen beläuft, durchgängig zu einem größeren P90/P10-Abstand führt. So spricht die OECD, deren Zahlen im besonderen Fall der Vereinigten Staaten alle Teilzeitbeschäftigten berücksichtigen, für 1990 von einem P90/P10-Verhältnis

Tabelle 3: Lohnungleichheit in den OECD-Staaten, gemessen durch das P90/P10-Verhältnis

Norwegen	2,0	Portugal	2,7
Schweden	2,1	Japan	2,8
Dänemark	2,2	Frankreich	3,1
Niederlande	2,3	Großbritannien	3,4
Belgien	2,3	Österreich	3,5
Italien	2,4	Kanada	4,4
Deutschland	2,5	Vereinigte Staaten	4,5

Die bestbezahlten 10% erhalten in Deutschland 2,5-mal mehr Lohn als die am schlechtesten bezahlten 10%.

Quelle: OECD [1993, S. 170–73]; Vereinigte Staaten: Katz et al. [1995, Abbildung 1].

von 5,5, das sich auf 4,5 reduziert, solange man nur die Vollzeitbeschäftigten berücksichtigt [Katz et al., 1995, Grafik 1; Lefranc, 1997, Tabelle 1], wie die OECD selbst es im Fall aller anderen Länder tut.

Einkommensungleichheit

Wie kommt man von der Lohnungleichheit zur Ungleichheit der Haushaltseinkommen? Die Frage ist nicht leicht zu beantworten, da man nicht nur Einkommen aus selbstständiger Arbeit, Einkommen aus Sozialtransfers und Vermögenseinkommen zu den Löhnen hinzurechnen, sondern auch die Zusammensetzung der Haushalte aus Beschäftigten und Nicht-Beschäftigten berücksichtigen muss. Tabelle 4 zeigt das Resultat dieser Berechnungen für Frankreich im Jahr 2000.

Das durchschnittliche Monatseinkommen französischer Haushalte beträgt 2280 Euro, aber 10% der Haushalte verfügen über weniger als 790 Euro, 10% über mehr als 4900 Euro. Das ergibt ein P90/P10-Verhältnis von 5,2, gegenüber einem P90/P10-Verhältnis von 3,0 bei den Löhnen. Die wohlhabendsten 5% der Haushalte haben sämtlich ein Einkommen von mehr als 5100 Euro und ein Durchschnittseinkommen von 7270 Euro.

Dass die Ungleichheit der Haushaltseinkommen größer als die

Lohnungleichheit ist, wird in Frankreich um das Jahr 2000 dadurch verstärkt, dass in zahlreichen Familien Arbeitslose leben, ist aber eine weitverbreitete Tatsache, die im Allgemeinen auf andere Faktoren zurückgeht.

Zunächst einmal sind Einkommen aus selbstständiger Arbeit, vor allem aber aus Vermögen sehr viel ungleicher verteilt als Löhne. Typischerweise beläuft sich der Anteil der reichsten 10% der Haushalte an den Vermögenseinkünften auf etwa 50%, ganz wie ihr Anteil am Vermögen überhaupt, während der Anteil der bestbezahlten 10% der Lohnempfänger an der Gesamtlohnsumme je nach Land nur zwischen 20% und 30% liegt (23,7% in Frankreich im Jahr 2000). Der Anteil der Vermögenseinkünfte am Gesamteinkommen ist freilich gering. Darum beläuft sich auch im Jahr 2000 der Anteil der reichsten 10% der Haushalte am Haushaltseinkommen insgesamt nur auf 26%. Die Vermögensungleichheiten sind nicht nur sehr viel größer als Lohn- und Einkommensungleichheiten, sie sind auch sehr viel weniger bekannt. Ungleichheit des Vermögens lässt sich nicht allein aus der Ungleichheit eines ihm zugrunde liegenden aktuellen oder vergangenen Einkommens erklären. Sie rührt auch – Lollivier und Vergé zufolge für das Frankreich des Jahres 1992 fast zur Hälfte – von Unterschieden des Sparverhaltens und der Akkumulation her, die nicht auf Einkommensungleichheit zurückgehen. Diese besonderen Schwierigkeiten der Vermögenserfassung sind der Grund dafür, dass sich Messungen von Ungleichheit häufig auf Einkommens- und Lohnungleichheit beschränken.

Aber der Hauptgrund, aus dem Einkommensungleichheit stets deutlich größer als Lohnungleichheit zu sein scheint, ist ein ganz anderer: Die meisten der Haushalte mit niedrigem Einkommen leben von kleinen Altersrenten und bestehen häufig aus nur einer Person, während Haushalte mit hohem Einkommen im allgemeinen Paare sind, häufig mit zwei Gehältern und Kindern. Würde man das P90/P10-Verhältnis nicht für Haushaltseinkommen, sondern für Haushaltseinkommen im Verhältnis zur Haushaltsgröße berechnen, um Ungleichheit der Lebensstandards statt Einkommen als solche zu messen, so käme man je nach Anpassungsgrad auf einen Quotienten von nicht 5,2, son-

Tabelle 4: Einkommensungleichheit in Frankreich, 2000

	Monatseinkommen in Euro		
Durchschnittseinkommen	2280		
D1	540	790	P10
D2	930	1070	P20
D3	1190	1330	P30
D4	1480	1610	P40
D5	1760	1920	P50
D6	2080	2240	P60
D7	2430	2630	P70
D8	2880	3150	P80
D9	3570	4090	P90
P90–P95	4520	5100	P95
P95–P100	7270		

Siehe Tabelle 1 und 2. Die ärmsten 10% der Haushalte haben pro Monat Einkommen unter 790 Euro und Durchschnittseinkommen von 540 Euro; die reichsten 5% haben Einkommen über 5100 Euro und Durchschnittseinkommen von 7270 Euro.

Jahreseinkommen, geteilt durch 12, die Löhne, Selbstständigeneinkommen, Renten, Transferleistungen und Vermögenseinkommen umfassen. Die Einkommen sind um alle Sozialabgaben, aber nicht um andere direkte Steuern wie Einkommensteuer und Wohnsteuer bereinigt.

Quelle: Untersuchung der Haushaltsbudgets 2000, INSEE (Berechnungen des Autors).

dern etwa 4,3–4,4 [INSEE, 1996b, S. 116]. Zudem muss man, um zur Ungleichheit der tatsächlich verfügbaren Haushaltseinkommen zu gelangen, die Rolle der Einkommensteuer berücksichtigen, die aus Tabelle 4 nicht hervorgeht. Da Haushalte mit einem der P90-Ebene entsprechenden Einkommen, also mit 4090 Euro monatlich, im Durchschnitt Einkommensteuer in der Höhe von etwa 10% ihres Einkommens, Haushalte aus P10 dagegen keine Einkommensteuer zahlen, würde das P90/P10-Verhältnis um 10% niedriger ausfallen (zur Umverteilungswirkung von Steuern/Abgaben und Transfers siehe Kapitel 4). Man käme dann auf ein P90/P10-Verhältnis von 3,5–4, also auf eine Ungleichheit, die leicht über der Lohnungleichheit liegt.

Internationale Vergleiche. Wie stellt sich ein solches P90/P10-Verhältnis im internationalen Vergleich dar? Solche Vergleiche lassen sich für Haushaltseinkommen leider sehr viel schwerer anstellen als für Löhne. Es ist oft nicht ganz leicht, in allen Ländern die gleichen Einkommensarten zu berücksichtigen. Umso ambitionierter ist das Projekt einer Vergleichsdatenbank für verschiedene Länder, aus dem die 1995 im Auftrag der OECD veröffentlichte «Luxembourg Income Study» (LIS) hervorgegangen ist [Atkinson et al., 1995], auf die wir uns hier stützen.

Die P90/P10-Verhältnisse in Tabelle 5 beziehen sich auf das verfügbare, also um Steuern und Transfers bereinigte Einkommen, das zudem nach Haushaltsgröße angepasst wurde. Darum lautet der Quotient für Frankreich hier nicht mehr 5,2 wie in Tabelle 4, sondern 3,5. Hinzu kommt, dass sich die OECD-Studie auf Steuerdaten und nicht auf die «Haushaltserhebung» des Jahres 2000 stützt. Die nationalen Abstufungen, die wir bei der Lohnungleichheit beobachten konnten, zeigen sich auch hier. In Deutschland, Belgien, Schweden und Norwegen hatten die Lohnunterschiede bei einem Quotienten von 2–2,5 gelegen und liegen auch die Einkommensunterschiede bei 2,5–3. In den angelsächsischen Ländern dagegen hatten die Lohnunterschiede bei 4–5,5 gelegen und liegen die Einkommensunterschiede bei 4,5–5. Erneut behaupten die Vereinigten Staaten mit 5,9 den Spitzenplatz. Frankreich liegt im Mittelfeld.

Es ist ausgesprochen schwierig, diese Zahlen mit den wenigen Indikatoren abzugleichen, die wir für Ungleichheit außerhalb der entwickelten Länder besitzen. Alles weist indessen darauf hin, dass die Verhältnisse dort ganz unterschiedlich sind. In den südamerikanischen Ländern ist die Ungleichheit noch größer als in den westlichen Ländern mit der größten Ungleichheit, während in den meisten asiatischen sowie den unterentwickeltsten afrikanischen Ländern die Ungleichheit der entspricht, die in den westlichen Ländern mit der geringsten Ungleichheit herrscht, oder darunter liegt [Morrisson, 1996, S. 145–172]. Ebenso schwierig ist der Vergleich mit der Ungleichheit in den ehemals kommunistischen Ländern, da sich die zahlreichen Sachleistungen, die es dort gab, monetär nur schwer beziffern lassen. Die verfügbaren Indikatoren lassen reale Einkommensunterschiede vermuten, die dem kapitalistischen Durchschnitt

Tabelle 5: Einkommensungleichheit in den OECD-Staaten, gemessen durch das P90/P10-Verhältnis

Schweden	2,7	Großbritannien	3,8
Belgien	2,8	Italien	4,0
Norwegen	2,9	Kanada	4,0
Deutschland	3,0	Vereinigte Staaten	5,9
Frankreich	3,5		

Die wohlhabendsten 10% verdienen in Schweden 2,7-mal mehr als die ärmsten 10%.

Bei den angegebenen Werten handelt es sich um das P90/P10-Verhältnis, angepasst an die Haushaltsgröße [Atkinson et al., 1995].

Jahre: 1984 (Deutschland, Frankreich), 1986 (Vereinigte Staaten, Italien, Norwegen, Großbritannien), 1988 (Belgien).

Quelle: LIS, Atkinson, Rainwater und Smeeding [1995, S. 40].

entsprechen, also größer als in den egalitärsten kapitalistischen Ländern sind [ebd., S. 140].

Ungleichheiten im historischen und geografischen Vergleich

Sind Lohn- und Einkommensunterschiede von 1 zu 3 oder 1 zu 4 zwischen der Obergrenze der ärmsten 10% und der Untergrenze der reichsten 10% innerhalb ein und desselben Landes unerheblich, verglichen mit Einkommensunterschieden, die den Bürger eines westlichen Landes um das Jahr 1990 von seinem Vorfahren um 1900 oder von einem Inder um 1990 unterscheiden? Tabelle 4 zeigt die durchschnittliche Kaufkraft eines Arbeiters und einer Führungskraft in Frankreich von 1870 bis 1994, gemessen in Francs von 1994, also unter Berücksichtigung der Entwicklung der Lebenshaltungskosten.

Diese Zahlen sind selbstverständlich mit Vorsicht zu behandeln. Je weiter man historisch zurückgeht, desto problematischer wird angesichts grundlegender Veränderungen des Konsumverhaltens die Vorstellung eines übergreifenden Lebenshaltungskostenindexes. Dennoch wird man zugestehen müssen, dass die Größenordnungen aufschlussreich sind. Zwischen 1870 und 1994 hat sich die Kaufkraft eines Arbeiters ungefähr verachtfacht. Diese spektakuläre Verbesserung des Lebensstandards während des letzten kapitalistischen Jahrhunderts war übrigens in allen westlichen Ländern mehr oder weniger dieselbe. So hat sich zum Beispiel der Stundenlohn eines US-amerikanischen Arbeiters zwischen 1870 und 1990 um das Elffache, also durchschnittlich 2% jährlich erhöht [Duménil und Lévy, 1996, Kapitel 15]. In Frankreich sieht es ähnlich aus, stellt man die Verkürzung der jährlichen Arbeitszeit in Rechnung.

Dieses Verhältnis von 10 zu 1 zwischen 1870 und 1990 im Westen entspricht mehr oder weniger, ja, liegt sogar etwas unter der Ungleichheit zwischen dem Durchschnittseinkommen eines westlichen Bürgers und dem eines Chinesen oder Inders im Jahr 1990, glaubt man den besten Schätzungen der Kaufkraftparität, die wir haben [Drèze und Sen, 1995, S. 213]. Die in Begriffen des BSP pro Kopf formulierten Abstände, die oft 4 oder 5 mal höher liegen, sind tatsächlich nicht besonders aussagekräftig, da sie im Rahmen geltender Umrechnungskurse in westliche Währungen ausgedrückt sind, was eine sehr ungenaue Vorstellung von den wirklichen Kaufkraftunterschieden vermittelt. Ein Abstand von 1 zu 10 zwischen dem durchschnittlichen Lebensstandard der reichsten Länder und dem der ärmsten Länder kommt der Realität zweifellos näher.

Abschließend wird man sagen können, dass die Ungleichheit zwischen den reichsten 10% und den ärmsten 10% ein und desselben Landes, wie sie sich in einem P90/P10-Verhältnis von 3–4 darstellt, ungefähr 2 bis 3 mal geringer ist als die Ungleichheit zwischen dem Ende des 19. Jahrhunderts und dem Ende des 20. Jahrhunderts sowie die Ungleichheit zwischen reichen und armen Ländern. Beide Formen der Ungleichheit sind also nicht unvergleichbar, selbst wenn die eine unbestreitbar höher ist als die andere.

Die historische Entwicklung von Ungleichheit

Sind diese Verhältnisse von 1 zu 3 bis 4 zwischen Armen und Reichen ein und desselben Landes oder von 10 zu 1 zwischen reichen Ländern und armen Ländern dazu bestimmt, stabil zu

Tabelle 6: Entwicklung der Ungleichheit in Frankreich, 1870–1994

	Arbeiter	Angestellte	Mittlere Führungskraft	Höhere Führungskraft
1870	960			4360
1910	1760			6820
1950	2200	2615	3740	7330
1994	7250	7180	10740	20820

Kaufkraft in Francs der durchschnittlichen Nettomonatslöhne 1994 in verschiedenen Berufsgruppen.

Quelle: Für 1950 und 1994, DADS, INSEE [1996a, S. 44, 56]. Für Arbeiterlöhne von 1870 und 1910: L'homme [1968, S. 46]. Der Vergleich zwischen 1910 und 1950 stützt sich auf die Reihen von Kuczynski für die Löhne und der SGF (Statistique générale de France) für die Preise (INSEE [1994, S. 142, 152]. Die Lohnabstände zwischen Arbeitern und höheren Führungskräften von 3,9 um 1910 und 4,6 um 1870 wurden berechnet anhand der Abstände zwischen Arbeitern, Fachkräften und Führungskräften in Morrisson [1991, S. 154].

bleiben, zu wachsen oder zu verschwinden? Für Marx und die sozialistischen Theoretiker des 19. Jahrhunderts, die Ungleichheit freilich nicht auf diese Weise quantifizierten, duldete die Antwort kaum einen Zweifel. Die Logik des kapitalistischen Systems bestehe darin, die Ungleichheit zwischen zwei sozialen Klassen, Proletariern und Kapitalisten immer weiter anwachsen zu lassen – und diese Kluft tue sich sowohl innerhalb der industrialisierten Länder als auch zwischen reichen und armen Ländern auf. Diese Vorhersagen wurden innerhalb des sozialistischen Lagers rasch infrage gestellt. Die These der Proletarisierung sei nicht zu halten, schrieb Bernstein schon in den 1890er-Jahren, da sich die Sozialstruktur im Gegenteil diversifiziere und der Reichtum auf immer weitere Gesellschaftsschichten verteile. Aber erst nach dem Zweiten Weltkrieg wurde es möglich, den Rückgang der Lohn- und Einkommensungleichheit in den westlichen Ländern seit dem Ende des 19. Jahrhunderts wirklich zu messen. Das führte zu neuen Prognosen. Die berühmteste war die von Kuznets [1955]. Kuznets zufolge sollte die Ungleichheit überall im Fortschreiten der wirtschaftlichen Entwicklung eine umgekehrte U-Kurve beschreiben. Auf eine Anfangsphase wachsender Ungleichheit im Zuge der Industrialisierung und Urbanisierung traditioneller Agrargesellschaften würde zunächst eine Phase der Stabilisierung, dann eine Phase des substanziellen Rückgangs von Ungleichheiten folgen. Besonders gut ist diese Bewegung des Anstiegs und anschließenden Rückgangs von Ungleichheiten für den Fall Großbritanniens [Williamson, 1985] und der Vereinigten Staaten erforscht. In Letzteren zum Beispiel ist ein Anstieg des Anteils der reichsten 10% am Gesamtvermögens von etwa 50% um 1770 auf ein Maximum von 70% bis 80% gegen Ende des 19. Jahrhunderts zu verzeichnen, bevor dieser Anteil 1970 wieder auf 50% gesunken ist – ein Niveau, das für die gegenwärtige Vermögensungleichheit typisch ist. Die verfügbaren Quellen lassen ein vergleichbares Muster in allen westlichen Ländern erkennen.

Die jüngsten Untersuchungen über Frankreich und die Vereinigten Staaten zeigen jedoch, dass dieser starke Abbau von Ungleichheiten im Laufe des zwanzigsten Jahrhunderts keineswegs Folge eines «naturwüchsigen» ökonomischen Prozesses ist. Die Verringerung der Ungleichheit betrifft allein die Vermögensungleichheit (die Lohnungleichheit lässt langfristig keinerlei Abwärtstrend erkennen) und ist im Wesentlichen den Erschütterungen geschuldet, denen die Wohlhabenden zwischen 1914 und 1945 ausgesetzt waren (Kriege, Inflation, Weltwirtschaftskrise). Die Konzentration der Vermögen und Kapitaleinkommen ist seither nie wieder auf das astronomische Niveau gestiegen, das sie am Vorabend des Ersten Weltkriegs erreicht hatte. Die plausibelste Erklärung führt die Fiskalrevolution ins Feld, die das 20. Jahrhundert erlebt hat. Die erheblichen Auswirkungen der 1914 eingeführten progressiven Einkommensteuer und der 1901 eingeführten progressiven Erbschaftsteuer auf die Akkumulation und den Wiederaufbau großer Vermögen scheinen tatsächlich die Rückkehr zur Rentiersgesellschaft des 19. Jahrhunderts verhindert zu haben. (Siehe dazu Grafik 1 in der vorderen Umschlagklappe) Wenn die heutigen Gesellschaften Managergesellschaften geworden sind, das heißt Gesellschaften, in denen die Spitze der Verteilungshierarchie von Leuten beherrscht wird, die hauptsächlich von ihren Arbeitseinkommen leben (und nicht von Einkommen aus einem in der Vergangenheit angehäuften Kapital), dann rührt dies vor allem von besonderen historischen Umständen und Einrichtungen her. Die Kuznets-Kurve ist alles andere als das Ende der Geschichte, sie ist das Resultat einer ganz bestimmten – und umkehrbaren – historischen Entwicklung.

Von den großen historischen Gesetzmäßigkeiten zu den Ungewissheiten. Es ist aber vor allem die in den 1980er-Jahren aufkommende Einsicht, dass die Ungleichheit seit den 1970er-Jahren wieder zu wachsen begonnen hatte, die der Vorstellung einer umgekehrten U-Kurve, in der die wirtschaftliche Entwicklung unausweichlich mit zunächst zunehmender, dann abnehmender Ungleichheit einhergehen soll, den Garaus machte. Diese Inversion der Kuznets-Kurve markiert zumindest einstweilen das Ende der großen historischen Gesetze, denen die Entwicklung der Ungleichheit gehorchen sollte, und ruft nach einer bescheideneren und sorgfältigen Analyse der komplexen Mechanismen, die dazu führen, dass Ungleichheit zu bestimmten Zeiten zu- und zu anderen abnimmt.

Tabelle 7 beschreibt die Entwicklung der Lohnungleichheit in den westlichen Ländern seit 1970. Wirklich zugenommen hat die Ungleichheit nur in den Vereinigten Staaten und in Großbritannien. Aber auch in allen anderen westlichen Ländern ist die Lohnungleichheit seit den 1980er-Jahren zumindest nicht weiter zurückgegangen. Das unterscheidet die westlichen Länder von weniger entwickelten Ländern, wo sich keine derartige Tendenz feststellen ließ [Davis, 1992]. In den Vereinigten Staaten stieg das P90/P10-Verhältnis für Löhne zwischen 1970 und 1980 um etwa 20%, zwischen 1980 und 1990 um weitere 20%. Für den gesamten Zeitraum ergibt das einen Anstieg von beinahe 50%. Das ist beträchtlich, bedenkt man, wie langsam sich Lohnungleichheiten für gewöhnlich wandeln. Und es wirft die Vereinigten Staaten auf den Stand der Lohnungleichheit der Zwischenkriegszeit zurück [Goldin und Margo, 1992]. Dass die bis 1970 rückläufige Vermögensungleichheit wieder zu steigen scheint, ist eine logische Folge dieser Entwicklung [Wolff, 1992].

Anders liegt der Fall Großbritanniens, da die Lohnungleich-

Tabelle 7: Anstieg der Lohnungleichheiten seit 1970, gemessen durch das P90/P10-Verhältnis

	1970	1980	1990
Deutschland		2,5	2,5
Vereinigte Staaten	3,2	3,8	4,5
Frankreich	3,7	3,2	3,2
Italien		2,3	2,5
Japan		2,5	2,8
Großbritannien	2,5	2,6	3,3
Schweden	2,1	2,0	2,1

1970 verdienen die bestbezahlten 10% in den Vereinigten Staaten 3,2-mal mehr als die am schlechtesten bezahlten 10%, 1990 dagegen 4,5-mal mehr.

Quelle: Deutschland, Italien, Japan, Schweden: OECD [1993, S. 170–73]. Frankreich: INSEE [1996a, S. 48]. Vereinigte Staaten, Großbritannien: Katz et al. [1995, Abbildung 1].

heit hier 1970 sehr gering war, fast auf skandinavischem Niveau, und der P90/P10-Abstand nach einem leichten Anstieg in der zweiten Hälfte der 1970er-Jahre zwischen 1980 und 1990 um beinahe 30% gewachsen ist – sodass Großbritannien in den 1990er-Jahren zu den Vereinigten Staaten aufgeschlossen hat und in Sachen Ungleichheit in der Spitzengruppe liegt. In den nordischen Ländern ist mit P90/P10-Verhältnissen von 2–2,5 die Ungleichheit trotz eines kleinen Aufwärtstrends nicht wirklich gestiegen. Frankreich ist in gewisser Weise ein Sonderfall, da die Lohnungleichheit dort 1970 die höchste der ganzen westlichen Welt war, bevor sie in den 1970er-Jahren rasch sank, um sich in den 1980er- und 1990er-Jahren zu stabilisieren, mit einem ganz leichten Anstieg seit 1984, als das P90/P10-Verhältnis einen Wert von 3,1 erreicht hatte, bevor es zwischen 1984 und 1995 wieder auf 3,2 stieg [INSEE, 1996a, S. 48]. Erst in den 1970er-Jahren also wird die Ungleichverteilung der US-amerikanischen massiver als die der französischen Löhne. Und Großbritannien zieht erst Ende der 1980er-Jahre an Frankreich vorbei, um einen hauchdünnen Vorsprung in Sachen Ungleichheit zu behaupten (Tabelle 7). Die Geschichte der Lohnungleichheit in Italien ist, selbst wenn das dortige Ausgangsniveau deutlich niedriger war, mit dem französischen Fall durchaus vergleichbar, da das P90/P10-Verhältnis, nachdem es in den 1970er- und zu Beginn der 1980er-Jahre rasch zurückgegangen war, seit 1984 wieder steigt [Erickson und Ichino, 1995].

Von den Löhnen zu den Einkommen. Einmal mehr liegen zur Entwicklung der Einkommensungleichheit weniger Schätzungen vor als zur Entwicklung der Lohnungleichheit. Gleichwohl läßt sich anhand der Daten der «Luxembourg Income Study» in groben Zügen die Entwicklung des P90/P10-Indikators der Ungleichheit verfügbarer Haushaltseinkommen nachzeichnen, angepasst nach Größe der Haushalte [Atkinson et al., 1995, S. 47]. Die Länder, in denen die Einkommensungleichheit zugenommen hat, sind die gleichen, in denen dies auch von der Lohnungleichheit gilt. So ist das P90/P10-Verhältnis in den Vereinigten Staaten von 4,9 auf 5,9 gestiegen, in Großbritannien von 3,5 auf 3,8. Auf der anderen Seite haben die nordeuropäischen Länder einen moderaten Anstieg der Einkommensungleichheit erlebt, von 2,8 auf 2,9 in Norwegen, von 2,5 auf 2,7 in Schweden, der gleichfalls ganz dem seinerseits moderaten Anstieg ihrer Lohnungleichheit entspricht. Ebenso ist in Frankreich das P90/P10-Verhältnis seit Beginn der 1990er-Jahre stabil bei 3,5 geblieben, nach einer starken Verringerung im Laufe der 1970er-Jahre. Man mag eine schwache Aufwärtstendenz des P90/P10-Indikators seit Beginn der 1990er-Jahre erkennen, aber sein statistischer Wert lag noch 1996 an der Grenze der Messbarkeit [INSEE, 1996b, S. 36–37]. Unbestreitbar ist, dass sich in allen westlichen Ländern der vorhergehende Abwärtstrend umgekehrt hat. Wie die Lohnungleichheit hat die Einkommensungleichheit in den 1980er- und 1990er-Jahren überall aufgehört zurückzugehen. Und sie ist spürbar gewachsen in den Ländern, in denen dies auch von der Lohnungleichheit gilt. Die Kuznets-Kurve hat endgültig ausgedient.

Es wäre freilich ein Fehler, die ganze Entwicklung der Einkommensungleichheit als zwangsläufige Folge der Entwicklung der Lohnungleichheit zu verstehen, auch wenn diese fraglos die treibende Kraft ist [Gottschalk, 1993]. So geht zum Beispiel die wachsende Einkommensungleichheit US-amerikanischer Haushaltseinkommen fast zur Hälfte auf die Einkommenskorrelation ihrer Mitglieder, also darauf zurück, dass hohe Einkommen immer öfter hohe Einkommen heiraten, während die ärmsten Haushalte oft alleinerziehende Frauen sind [Meyer, 1995]. Schließlich und vor allem haben die verschiedenen westlichen Länder ihre Steuer- und Transfersysteme seit den 1970er-Jahren unterschiedlich progressiv gestaltet. Während die in den Vereinigten Staaten und Großbritannien verfolgte Politik dazu angetan war, die wachsende Einkommensungleichheit zu verschärfen, ist es der Politik in anderen Ländern gelungen, die Schäden zu begrenzen. Ein besonders aufschlussreicher Vergleich ist häufig zwischen den Vereinigten Staaten und Kanada angestellt worden: Obwohl Arbeitsmarkt und Lohnungleichheit sich in beiden Ländern ganz ähnlich entwickelt haben, ist das P90/P10-Verhältnis der Haushaltseinkommen in Kanada stabil bei ungefähr 4 geblieben, während es in den Vereinigten Staaten von 4,9 auf 5,9 gestiegen ist [Atkinson et al., 1995, S. 47]. Die Ursachen dafür sind komplex, aber die unterschiedliche Fiskal- und Sozialpolitik spielt zweifellos eine maßgebliche Rolle [Card und Freeman 1993].

Ungleichverteilung von Arbeit. Es wäre daher eine irrige Annahme, die Entwicklung der Ungleichheit in einem Land wie Frankreich seit dem Ende der 1970er-Jahre sei erschöpfend damit beschrieben, dass Einkommens- und Lohnunterschiede zwischen den reichsten 10% und den ärmsten 10% sich kaum verändert haben. Das Gefälle zwischen den verfügbaren Haushaltseinkommen blieb in vielen Ländern und namentlich in Frankreich nur darum relativ stabil, weil der Verlust des Erwerbseinkommens einer wachsenden Zahl Arbeitsloser durch Sozialtransfers kompensiert wurde. Ohne diese Transfers (Arbeitslosengeld, Mindesteinkommen in Frankreich, etc.) wäre die Entwicklung der Einkommensungleichheit nicht anders als in den angelsächsischen Ländern verlaufen, trotz der stabilen Lohnunterschiede. Betrachtet man die Ungleichheit der Arbeitseinkommen nicht unter Erwerbstätigen, sondern unter Erwachsenen im arbeitsfähigen Alter, so hat sie seit Ende der 1970er-Jahre in Frankreich beträchtlich zugenommen, mit einer Steigerungsrate, die nicht geringer als in den angelsächsischen Ländern ausfällt [Bourguignon und Martinez, 1996]. Ob in Form der Ungleichverteilung von Erwerbsarbeit oder der Lohnungleichheit – die reale Ungleichheit der Arbeitseinkommen hat seit den 1970er-Jahren in allen westlichen Ländern zugelegt.

Lassen sich die angelsächsischen Länder, in denen dieses Phänomen in Gestalt wachsender Lohnungleichheit auftritt, tatsächlich von anderen Ländern trennen, in denen es in Gestalt wachsender Ungleichverteilung von Arbeit auftritt? Die offiziellen Zahlen könnten das nahelegen, da sie für 1996 Arbeitlosenquoten von 5,6 % in den Vereinigten Staaten und 7,5 % in Großbritannien ausweisen, gegenüber 10,3 % in Deutschland, 12,1 % in Italien und 12,2 % in Frankreich (also 3 Millionen Arbeitslose bei 25 Millionen Erwerbsfähigen, die Arbeitnehmer, Selbstständige und Arbeitslose einschließen) [OECD, 1996, A24]. Das starke Wachstum am Ende der 1990er-Jahre hat in allen Ländern die Arbeitlosenquote spürbar sinken lassen, ohne den Abstand zwischen ihnen wirklich infrage zu stellen: Im Jahr 2000 liegt die Arbeislosenquote in den Vereinigten Staaten bei 4 % und in Frankreich bei 10 % [OECD, 2000]. Der Fall der skandinavischen Länder scheint sich dieser Kennzeichnung allerdings nicht zu fügen, da dort weder die Lohnungleichheit noch die Arbeitslosigkeit stark zugenommen hat (in Schweden 7,6 % für 1996, 6 % für 2000).

Das Problem solcher Vergleiche ist indes, dass nur ein Teil der Unterbeschäftigung unter den Begriff der Arbeitslosigkeit fällt. So ist zum Beispiel in den Vereinigten Staaten seit Beginn der 1970er-Jahre zu beobachten, dass zahlreiche gering Qualifizierte ganz aus dem Arbeitsmarkt ausgestiegen sind und in den offiziellen Zahlen nicht mehr als aktiv arbeitssuchend geführt werden. Diese Entwicklung erklärt sich ganz aus dem Einbruch der Niedriglöhne [Juhn et al., 1991; Topel, 1993]. Eine große Zahl von Personen im arbeitsfähigen Alter partizipiert also nicht mehr am Arbeitsmarkt – ohne in den Arbeitslosenstatistiken aufzutauchen. Eine Extremform dieser Entwicklung ist das bestürzende Wachstum der Häftlingspopulationen. 1995 saßen 1,5 Millionen Personen in US-amerikanischen Gefängnissen. 1980 waren es noch 500000, und im Jahr 2000 werden es den Prognosen zufolge 2,4 Millionen sein [Freeman, 1996]. Dieser Aspekt der Unterbeschäftigung, den die offiziellen Arbeitslosenzahlen ausblenden, ist keineswegs ein nebensächliches Detail, da 1995 die 1,5 Millionen Insassen US-amerikanischer Gefängnisse allein 1,5 %, die 60000 Inhaftierten in Frankreich dagegen weniger als 0,3 % der erwerbsfähigen Bevölkerung ausmachen. Gewiss wäre es naiv, wollte man die Entwicklung der Kriminalität in den Vereinigten Staaten seit 1970 aus der Entwicklung der Lohnungleichheit erklären. Aber klar ist auch, dass es in den Vereinigten Staaten von 1995 schwieriger ist als in den Vereinigten Staaten von 1970, ein Bilderbuchproletarier zu sein, nachdem der Lohn des zehnten Perzentils verglichen mit dem des neunzigsten Perzentils um fast 50% gefallen ist.

Es wäre also verlockend, daraus zu schließen, die Unterbeschäftigung sei in Wahrheit in den Vereinigten Staaten ebenso hoch wie in den von starker Arbeitslosigkeit heimgesuchten Staaten Europas. Das ginge indessen zu weit, da das Phänomen der verdeckten Unterbeschäftigung leider keine US-amerikanische Spezialität ist. Es nimmt in Europa andere, weniger spektakuläre, aber häufig massivere Formen an. Das belegt etwa die Tatsache, dass 1996 in Frankreich nur 67% der Personen im arbeitsfähigen Alter als Erwerbspersonen geführt werden – gegenüber mehr als 77% in den Vereinigten Staaten, 75% in Großbritannien, aber nur 68% in Deutschland und 60% in Italien [OECD, 1996, A22]. Dieser Indikator, die Arbeitsmarktpartizipationsrate, ist alles andere als unfehlbar, weil komplexe Phänomene in ihm zusammenwirken, wie die Partizipation von Frauen und der vorzeitige Ruhestand. Dennoch hat er einen gewissen Realitätsgehalt. So ist es zum Beispiel ein offenes Geheimnis, dass in Frankreich mehr als eine Stelle geschaffen werden muss (manchmal fast zwei), um die Arbeitslosenzahl um einen Arbeitslosen zu senken, da ein Teil der geschaffenen Stellen mit Leuten besetzt werden, die nicht zu den Erwerbspersonen gezählt werden, aber bereitstehen, um in den Arbeitsmarkt einzutreten, sobald es passende Beschäftigungen gibt. Und auch die unfreiwillige Teilzeitarbeit, also die von Lohnempfängern, die gerne mehr arbeiten würden, nimmt in Frankreich sehr stark zu [CSERC, 1996, S. 50]. Diese Unwägbarkeiten werfen ein Licht darauf, welche Hürden der exakten Messung einer Ungleichverteilung von Arbeit entgegenstehen, die zu den fundamentalen Ungleichheiten unserer Zeit zählt.

2. Ungleichheit von Kapital und Arbeit

Seit der Industriellen Revolution und namentlich seit den Arbeiten von Karl Marx (1818–1883) wird die Frage der sozialen Ungleichheit vornehmlich am Leitfaden des Gegensatzes von Kapital und Arbeit, Gewinnen und Löhnen, Arbeitgebern und Arbeitnehmern erörtert. Ungleichheit wird beschrieben als Gegensatz zwischen denen, die Kapital, also Produktionsmittel besitzen und daher auch Kapitaleinkommen beziehen, und denen, die nichts dergleichen haben und darum mit ihren Arbeitseinkommen vorliebnehmen müssen. Grundquelle der Ungleichheit ist demnach die Ungleichverteilung von Kapitaleigentum. Die beiden Seiten dieser fundamentalen Ungleichheit, Kapitalisten und Arbeiter, werden als in sich geschlossene, homogene Gruppen begriffen, die Ungleichheit der Arbeitseinkommen wird als sekundär behandelt. Diese Auffassung, die Ungleichheit nur als eine von Kapital und Arbeit in den Blick nimmt, hat großen Einfluss darauf genommen, wie Umverteilung verstanden wird, und wird dies auch weiter tun – auch in Ländern, die nicht so weit gegangen sind, privates Kapitaleigentum abzuschaffen.

Das besondere Augenmerk auf die Ungleichheit von Kapital und Arbeit ist nicht erstaunlich. Tatsächlich scheint das schiere Faktum, dass ein erheblicher Teil der erzeugten Einkommen vom Kapital abgeschöpft wird, den elementaren Grundsätzen sozialer Gerechtigkeit zu widersprechen und wirft unmittelbar die Frage nach der Umverteilung auf. Weshalb sollten diejenigen, die Kapital erben, in den Genuss eines Einkommens kommen, das allen verwehrt bleibt, denen bloß ihre Arbeitskraft mit auf den Weg gegeben wurde? Das allein rechtfertigt, im Sinne der eingangs getroffenen Unterscheidung zwischen reiner und effizienter Umverteilung, auch ohne jede Marktineffizienz eine reine Umverteilung von Kapitaleinkommen zu Arbeitseinkommen. Wie lässt sich die Frage nach dem Umfang und den geeigneten Instrumenten einer solchen reinen Umverteilung von Kapital zu Arbeit genauer stellen? Was lehrt uns die Geschichte dieser reinen Umverteilung und der Einkommensverteilung zwischen Kapital und Arbeit?

Aber die Frage nach der Umverteilung von Kapital zu Arbeit stellt sich nicht nur aus Gründen der sozialen Gerechtigkeit. Ist die Ungleichverteilung von Kapital unter Individuen und Ländern am Ende nicht bloß ungerecht, sondern auch ökonomisch ineffizient, weil sie sich im Lauf der Zeit reproduziert und damit die Ärmsten der Möglichkeit beraubt, Investitionen zu tätigen und zu den Reichen aufzuschließen? Und wie sehen, wenn es sich so verhält, die Instrumente einer effizienten Umverteilung aus, die dieser Ungleichheit Einhalt gebietet?

Der Anteil des Kapitals am Gesamteinkommen

Die Frage hört sich einfach an: Wenn die Inlandsproduktion unter Einsatz einer bestimmten Kapitalmenge (Maschinen, Betriebsmittel ...) und einer bestimmten Arbeitsmenge (Zahl der Arbeitsstunden) erwirtschaftet wird, wie werden dann der Anteil der Kapitaleinkommen (an Unternehmen und Kapitalbesitzer gehende Gewinne und Zinsen) und der Anteil der Arbeitseinkommen (den Arbeitern gezahlte Löhne) am Gesamteinkommen der Unternehmen ermittelt? Und wie können diese Anteile durch staatliche Maßnahmen umverteilt werden? Diese Frage und vor allem die Rolle, die das System der Preise für Kapital und Arbeit bei dieser Verteilung spielt, war insbesondere unter Ökonomen Anlass erbitterter intellektueller und politischer Auseinandersetzungen.

Zur Frage der Substituierbarkeit von Kapital und Arbeit. Nehmen wir zunächst an, die Technologie, mit der eine bestimmte Inlandsproduktion unter Einsatz verfügbarer Kapital- und Arbeitsmengen erzielt wird, sei durch das gekennzeichnet, was Ökonomen feste Koeffizienten nennen: Um eine Produktionseinheit zu erzeugen, braucht es exakt 1 Kapitaleinheit und *n* Arbeitseinheiten. Anders formuliert: Es braucht exakt *n* Arbeiter, nicht mehr und nicht weniger, um eine bestimmte Maschine korrekt bedienen zu können.

In diesen Begriffen gestellt, ist die Frage der Aufteilung des Einkommens zwischen Kapital und Arbeit eine reine Verteilungsfrage. Es geht nur darum, wie man eine Produktionseinheit zwischen den beiden Produktionsfaktoren Kapital und Arbeit verteilt, also zwischen dem Besitzer der Maschine und den *n* Arbeitern, unabhängig vom Produktionsprozess selbst. Marktkräfte und Preissysteme spielen unter diesen Bedingungen auf makroökonomischer Ebene keinerlei tragende Rolle bei der Entscheidung darüber, welche Produktionsfaktoren eingesetzt werden. Denn ganz gleich, welchen Preis die Unternehmen für jede Kapital- und Arbeitseinheit zahlen, sie brauchen unter allen Umständen 1 Maschine und *n* Arbeiter, um eine Produktionseinheit zu erzeugen. Insbesondere das Gesamtbeschäftigungsvolumen steht fest, weil es strikt vom verfügbaren Kapitalstock, das heißt von der Produktionskapazität der Wirtschaft abhängt. Gibt es keine staatlichen Umverteilungmaßnahmen, hängt die faktische Verteilung des Einkommens zwischen Kapital und Arbeit zum Beispiel von der Verhandlungsmacht der Gewerkschaften ab, von der Fähigkeit der Arbeitgeber, sich einen möglichst großen Anteil zu sichern oder, allgemeiner, vom jeweiligen Stand des Kräfteverhältnisses zwischen Kapitalisten und Arbeitern. Ausschlaggebend ist aber hier, dass die für Kapital oder Arbeit gezahlten Preise keinerlei Auswirkung auf der Ebene der Produktion und des Beschäftigungsvolumens haben. Wie die Verteilung zwischen Kapital und Arbeit am Ende aussieht, ist Ergebnis eines reinen Verteilungskonflikts.

Unter diesen Bedingungen spielt es auch keine Rolle, wie die Umverteilung zwischen Kapital und Arbeit zustande kommt.

Die Frage nach den Umverteilungsinstrumenten stellt sich nicht. Das Einkommen mag zugunsten der Arbeit umverteilt werden, indem man die von Unternehmen gezahlten Löhne erhöht, zum Beispiel durch Anhebung des gesetzlichen Mindestlohns oder durch Unterstützung der Forderung nach Lohnerhöhung seitens der Gewerkschaften. Oder es mag zugunsten der Arbeit umverteilt werden, indem man das Kapital stärker besteuert, um einen Fiskaltransfer zu finanzieren, der dem einzelnen Arbeiter zugutekommt oder es erlaubt, die Steuern für Arbeiter zu senken. Beide Umverteilungsinstrumente, die direkte Umverteilung der von Unternehmen gezahlten Löhne und ausgeschütteten Gewinne, und die fiskalische Umverteilung mittels Steuern und Transfers, die keinen direkten Einfluss auf die sogenannte Primärverteilung durch die Unternehmen nimmt, sind unter diesen Bedingungen völlig gleichwertig, weil die eingesetzten Kapital- und Arbeitsmengen ebenso feste Koeffizienten sind wie das gesamtwirtschaftliche Produktionsniveau.

Gewiss mag man zu bedenken geben, der für Arbeiter wünschenswerte Umfang der Umverteilung werde dadurch eingeschränkt, dass es Investitionsanreize für Unternehmen zu schaffen gilt, um die künftige Produktionskapazität der Wirtschaft zu steigern. Aber dieser Einwand, dessen praktische Tragweite wir später prüfen werden, trifft jeden Versuch, den Anteil des Kapitals am Gesamteinkommen zu senken, ganz gleich, ob er auf direkte oder auf fiskalische Umverteilung zurückgreift. Da die Kapital-Arbeits-Aufteilung hier eine reine Umverteilungsfrage ist, liegt wenig daran, wie diese Umverteilung bewerkstelligt wird. Was zählt, ist nur das Resultat.

Was heißt Substituierbarkeit von Kapital und Arbeit? Ganz anders sähen die Schlussfolgerungen aus, wäre der jeweilige Anteil von Kapital und Arbeit am Produktionsprozess variabel. Nehmen wir also an, für den Einsatz einer Kapitaleinheit seien nicht zwingend *n* Arbeitseinheiten erforderlich und die Produktion lasse sich durch zusätzliche Arbeitseinheiten steigern, da bestimmte von Maschinen erledigte Aufgaben auch von Arbeitern übernommen werden können. Allgemeiner gesprochen: Selbst wenn in einem gegebenen Unternehmen der effiziente Einsatz von mehr als *n* Arbeitern unmöglich sein mag, haben vielleicht andere Unternehmen in anderen Wirtschaftszweigen die Möglichkeit, weniger kapitalintensive und dafür arbeitsintensivere Verfahren zu nutzen. Der Dienstleistungssektor zum Beispiel, der im Allgemeinen mehr Arbeit und weniger Kapital einsetzt, könnte an Umfang gewinnen, sodass bei einem gegebenen Kapitalstock auf gesamtwirtschaftlicher Ebene mehr Arbeiter beschäftigt werden könnten. Ob Kapital und Arbeit einander substituieren können, hängt also nicht nur von technologischen Gegebenheiten ab, sondern auch von strukturellen Transformationen der Produktions- und Konsumtionsweisen einer Gesellschaft.

Sobald es Substituierbarkeit von Kapital und Arbeit gibt, spielt auch, anders als im Fall einer Technologie mit festen Koeffizienten, das System der Preise für Kapital und Arbeit eine maßgebliche Rolle bei der Entscheidung darüber, in welchen Mengen diese beiden Produktionsfaktoren auf makroökonomischer Ebene zum Einsatz kommen. In einer Marktwirtschaft werden Unternehmen dann und nur dann mehr Arbeiter beschäftigen, wenn sie dadurch mehr Geld einnehmen, als es sie kostet, wenn also die Grenzproduktivität der Arbeit, definiert als der Produktionszuwachs, der sich bei gleicher Kapitalmenge durch Einsatz einer weiteren Arbeitseinheit erzielen lässt, höher ist als der Preis der Arbeit, definiert als die Kosten (Lohn, Sozialabgaben, Boni ...), die durch den Einsatz eines zusätzlichen Arbeiters für das Unternehmen anfallen.

Dasselbe gilt für das Kapital, dessen Preis sich an den Kosten bemisst (an die Eigentümer ausgeschüttete Zinsen und Dividenden, Kapitalverbrauch, Instandhaltung etc.), die dem Unternehmen durch Einsatz einer zusätzlichen Kapitaleinheit entstehen. Unternehmen aus arbeitsintensiven Wirtschaftszweigen wachsen im Vergleich mit Unternehmen aus kapitalintensiven Wirtschaftszweigen umso schneller, je niedriger der Preis für Arbeit, verglichen mit dem für Kapital ist, da die Nachfrage der Konsumenten nach arbeitsintensiven Gütern steigt, wenn ihr Preis niedrig ist – und umgekehrt. Die in einer Marktwirtschaft eingesetzte Arbeits- und Kapitalmenge hängt wie das Produktions- und Beschäftigungsniveau von den Preisen für Kapital und Arbeit ab. Preise spielen, anders formuliert, eine nicht nur distributive, sondern auch allokative Rolle.

Diese Auffassung der Kapital-Arbeits-Aufteilung und der Rolle des Preissystems, in deren Zentrum die Vorstellung steht, dass die von Unternehmen eingesetzten Kapital- und Arbeitsmengen je nach dem Preis, den sie dafür zahlen müssen, fortlaufend angepasst werden, wurde explizit von den sogenannten Marginalisten in die Ökonomie eingeführt. Ihr Begriff der Grenzproduktivität richtete sich gegen die klassischen Ökonomen des 19. Jahrhunderts wie David Ricardo oder Karl Marx, deren Überlegungen stillschweigend von einer Technologie mit festen Koeffizienten ausgingen, in der die Kapital-Arbeits-Aufteilung zum reinen Verteilungskonflikt wird, weil Produktionskapazität und Beschäftigungsniveau ganz vom verfügbaren Kapitalstock abhängen. Diese Opposition zwischen klassischer und marginalistischer Theorie der Kapital-Arbeits-Aufteilung bestimmt besonders die sogenannte «Cambridge-Cambridge-Kontroverse» zwischen Ökonomen aus Cambridge (Großbritannien), die auf dem im Wesentlichen distributiven Charakter dieser Aufteilung und der Rolle der Verhandlungsmacht der Konfliktparteien beharrten, und Ökonomen aus Cambridge (Massachusetts), die darauf bestanden, dass die Preise für Kapital und Arbeit auch eine allokative Rolle spielen. Letztere stützten sich namentlich auf Robert Solows Arbeiten zur aggregierten Produktionsfunktion, eine mathematisch angelegte Theorie der Substituierbarkeit von Kapital und Arbeit auf gesamtwirtschaftlicher Ebene.

«Direkte» oder «fiskalische» Umverteilung? Welche Konsequenzen hat eine Substituierbarkeit von Kapital und Arbeit für die Umverteilung? Sobald man versucht, Einkommen dadurch von Kapital zu Arbeit umzuverteilen, dass man die Löhne und mit ihnen den Preis für Arbeit erhöht, werden die Unternehmen und die Wirtschaft insgesamt weniger Arbeit und mehr Kapital einsetzen. Dadurch wird das Beschäftigungsniveau sinken und

der Anteil der Arbeit am Gesamteinkommen weniger zunehmen, als man nach jener Lohnerhöhung glauben mochte. Entscheidend ist nun, dass dies bei der fiskalischen Umverteilung nicht der Fall wäre. Hätte man die Unternehmensgewinne oder die von den Unternehmen an die kapitalistischen Haushalte ausgeschütteten Kapitaleinkünfte besteuert, hätte sich durch Fiskaltransfers oder Steuersenkungen für jeden Arbeiter die gleiche Umverteilung wie durch eine Lohnerhöhung finanzieren lassen. Zugleich wäre aber der von den Unternehmen gezahlte Preis für Arbeit nicht gestiegen und damit jene Substitution von Arbeit durch Kapital mit ihren verheerenden Folgen für die Arbeit vermieden worden.

Die entscheidende Differenz zwischen diesen beiden Umverteilungstypen besteht darin, dass der Beitrag der Unternehmen zur Umverteilung im einen und im anderen Fall unterschiedlich berechnet wird. Die direkte Umverteilung erfordert, dass Unternehmen zur Umverteilung je nach Zahl der von ihnen beschäftigten Arbeiter beitragen, während im Fall der fiskalischen Umverteilung der den Unternehmen abverlangte Beitrag allein von der Höhe ihrer Gewinne abhängt, ganz gleich, welche Kapital- und Arbeitsmengen sie im Produktionsprozess eingesetzt haben, um diesen Gewinn zu erzielen. Damit erlaubt es die fiskalische Umverteilung, den Preis für Arbeit, den die Unternehmen zahlen, von dem Preis abzukoppeln, den die Arbeiter erhalten. Derart lassen sich Einkommen umverteilen, ohne die allokative Funktion des Preissystems zu beeinträchtigen, während durch eine direkte Umverteilung diese beiden Preise notwendigerweise gleich sind, sodass die Umverteilung zwangsläufig verheerende Folgen für die Allokation hat.

Diese Überlegung wirft ein Licht darauf, wie wichtig es ist, die Frage nach den Instrumenten der Umverteilung von der Frage nach ihrem Umfang zu trennen. Ganz gleich, wie umfangreich die geplante Umverteilung ist, die fiskalische Umverteilung ist der direkten überlegen, solange man sich in einer Marktwirtschaft bewegt, in der es Möglichkeiten gibt, Arbeit durch Kapital zu substituieren – und umgekehrt. Das zeigt zugleich, dass nicht alle Formen der reinen Umverteilung auf das Gleiche hinauslaufen. Manche sind effizienter als andere, weil sie die Lebensbedingungen der Arbeiter im gleichen Ausmaß verbessern, ohne das Beschäftigungsvolumen zu verringern. Um die Effekte einer Umverteilung zu beurteilen, so lautet die zentrale Botschaft, genügt es nicht, sich zu fragen, wer zahlt. Man muss auch die Auswirkungen der vorgeschlagenen Umverteilung auf das Wirtschaftssystem insgesamt berücksichtigen.

Ebenso wenig sind alle Umverteilungen gleich wirksam, die auf Steuern und Transfers beruhen. Erneut kann man sich nicht mit der Frage begnügen, wer die Abgabe jeweils zahlt. Um die Konsequenzen der fraglichen Umverteilung abzusehen, muss man die Steuerwirkung der Abgabe prüfen. Erhöht man zum Beispiel die Sozialabgaben, die Unternehmen für ihre Arbeiter zahlen müssen, so erhöht man auch den Preis der Arbeit – es sei denn, die Unternehmen senken die Löhne, um die Abgabenerhöhung auszugleichen, was den Umverteilungseffekt zunichtemacht. Erhöht man dagegen die Steuern auf nicht ausgeschüttete oder ausgeschüttete Unternehmensgewinne, so lassen sich die gleichen sozialen Transferleistungen auf effizientere Weise finanzieren, weil die Preise für Arbeit nicht steigen. Nicht alle von Unternehmen entrichteten Steuern haben den gleichen Umverteilungseffekt. Damit es auch wirklich das Kapital ist, das am Ende die Steuerlast trägt, muss diese vom Niveau des eingesetzten Kapitals oder des Kapitaleinkommens abhängen.

Diese Überlegung veranschaulicht auch ein zentrales Ergebnis der zeitgenössischen Wirtschaftstheorie. Eine reine Umverteilung, die nur aus Gründen der sozialen Gerechtigkeit und nicht wegen eines Marktversagens erforderlich ist, sollte durch Steuern und Transfers, nicht durch den Versuch einer Beeinflussung des Preissystems umgesetzt werden. Das ist ein Gedanke von großer Tragweite. So ist es zum Beispiel angesichts hoher Preise effizienter, den Ärmsten durch Steuertransfers und nicht durch Preiskontrolle unter die Arme zu greifen, da Letztere zu Knappheit und Rationierung führt. Wir werden auf diese Idee in unserer Analyse der Ungleichheit und Umverteilung von Arbeitseinkommen zurückkommen (vgl. Kapitel 3).

Die Substitutionselastizität zwischen Kapital und Arbeit. Im besonderen Fall der Umverteilung von Kapital zu Arbeit hängt freilich die Tragweite der Einsicht, dass eine fiskalische Umverteilung den Eingriffen direkter Umverteilung überlegen ist, davon ab, wie hoch die Substituierbarkeit von Kapital und Arbeit ist und welche Bedeutung damit die allokative Rolle des Preissystems hat. Niemand wird leugnen wollen, dass es überhaupt Substituierbarkeit von Kapital und Arbeit gibt. Die Frage lautet, wie variabel die eingesetzten Kapital- und Arbeitsmengen auf gesamtwirtschaftlicher Ebene tatsächlich sind, und ob der Einfluss, den die Preise für Kapital und Arbeit auf sie haben, tatsächlich so groß ist, dass die fiskalische Umverteilung der direkten Umverteilung wirklich überlegen und die Frage nach den Instrumenten der Umverteilung wirklich ausschlaggebend ist. Wenn diese Substituierbarkeit schwach ist, ist direkte Umverteilung tatsächlich die transparenteste und einfachste Lösung. Weshalb soll man den Markt über Kapital- und Arbeitseinkommen entscheiden lassen und dann ein komplexes System von Abgaben und Transfers einführen, um dieses Einkommen umzuverteilen, wenn ein vergleichbares Resultat auch erreicht werden könnte, indem man den Unternehmen gleich die Aufteilung vorschreibt, die man für gerecht hält?

Um das Gewicht dieser Substituierbarkeit von Kapital und Arbeit, mit ihr aber der allokativen Rolle des Preissystems einzuschätzen, greifen Ökonomen auf den Begriff der Substitutionselastizität zwischen Kapital und Arbeit zurück. Diese misst, um wie viel Prozent Unternehmen die eingesetzte Kapitalmenge reduzieren, wenn der Preis für Kapital gegenüber dem für Arbeit um 1 % steigt. Die Elastizität misst nicht allein die Entscheidung einzelner Unternehmen (zum Beispiel, Arbeiter zu entlassen, wenn der Preis für Arbeit steigt, oder einzustellen, wenn er sinkt), sondern auch und vor allem die makroökonomischen Folgen solcher Entscheidungen (zum Beispiel mag ein arbeitsintensiver Wirtschaftszweig weniger schnell wachsen und weniger neue Arbeiter einstellen, wenn der Preis für Arbeit steigt – und schneller wachsen und mehr Arbeiter einstellen, wenn er sinkt).

Hohe Elastizität, also hohe Substituierbarkeit von Kapital

und Arbeit liegt vor, wenn es für die Wirtschaft insgesamt leicht ist, im Bedarfsfall Kapital durch Arbeit zu ersetzen – und umgekehrt. Höher als 1 liegt die Elastizität, wenn eine Lohnerhöhung von 1 % dazu führt, dass die eingesetzte Arbeitsmenge um mehr als 1 % sinkt, und mit ihr auch der Anteil der Arbeit am Gesamteinkommen. Eine Elastizität von 1 liegt dann vor, wenn beide Effekte sich genau ausgleichen, sodass der Anteil der Arbeit am Gesamtvermögen konstant bleibt, ganz gleich, wie hoch die Preise für Arbeit und Kapital sind. Das entspricht dem Fall der sogenannten Cobb-Douglas-Produktionsfunktion, benannt nach den Erfindern dieses Falls, denen nach ihrer Untersuchung der US-amerikanischen und australischen Gewinn-Lohn-Aufteilung in den 1920er-Jahren diese Funktion ihre Beobachtungen korrekt wiederzugeben schien (siehe den posthumen Überblick von Douglas [1976]). Wir werden weiter unten sehen, inwiefern Beobachtungen und Untersuchungen aus den 1970er-Jahren diese Analyse bestätigen. Umgekehrt bedeutet eine Elastizität unter 1, dass wir uns dem Fall der Technologie mit festen Koeffizienten nähern. Die Grenzproduktivitäten von Kapital und Arbeit nehmen in diesem Fall sehr rasch ab, sobald man sich von der Norm des *n* Arbeiter pro Maschine entfernt. Also sinkt der Anteil des Kapitals am Gesamteinkommen und steigt der Anteil der Arbeit, wenn der Preis für Arbeit steigt. Der Extremfall gänzlich fester Koeffizienten entspricht dem Fall einer Substitutionselastizität von null, in dem keine Abweichung vom Erfordernis von *n* Arbeitern pro Maschine möglich ist. Die Kapital-Arbeits-Aufteilung wird dann wieder zum oben skizzierten Verteilungsproblem, wie es die klassische Theorie beschreibt.

Die von der hohen Arbeitslosigkeit im Europa der 1980er- und 1990er-Jahre hervorgerufenen Debatten veranschaulichen, welcher politische Einsatz in dieser Frage der Substitutionselastizität zwischen Kapital und Arbeit auf dem Spiel steht. Tatsächlich haben zahlreiche Beobachter zu bedenken gegeben, die beträchtliche Erhöhung der Abgabenlast auf Arbeit (insbesondere der Sozialabgaben) und die Verringerung der Abgabenlast auf Kapital (Senkung der Gewinnsteuer, Steuerbefreiung für viele Kapitaleinkünfte der Haushalte) hätten zum Steigen der Arbeitslosigkeit seit den 1970er-Jahren beigetragen. Der Preis für Arbeit wurde in die Höhe getrieben, die Unternehmen zum Einsatz von mehr Kapital und weniger Arbeit genötigt. Zumindest gab es keine Anreize dafür, mehr Arbeit einzusetzen, und die arbeitsintensiven Wirtschaftszweige wurden in ihrer Entwicklung behindert. Daher der Vorschlag, einen Teil der Abgabenlast von der Arbeit auf das Kapital zu verlagern, indem man zum Beispiel die Höhe der Arbeitgeberbeiträge nicht von der Lohnsumme, sondern auch von den Gewinnen abhängig macht. Daher auch der Vorschlag, die Bemessungsgrundlage für den Arbeitnehmeranteil auf die Kapitaleinkommen auszudehnen, um die Arbeit weniger zu belasten, wie zum Beispiel durch die *cotisation sociale généralisée*, die Allgemeine Sozialabgabe in Frankreich. Der praktische Nutzen solcher Vorschläge hängt in der Tat ganz davon ab, in welchem Umfang Kapital und Arbeit einander substituieren können. Wenn die Substitutionselastizität zwischen Kapital und Arbeit hoch ist, können solche Vorschläge tatsächlich dazu beitragen, die gleichen Sozialausgaben zu finanzieren und zugleich Arbeitsplätze zu schaffen, also eine effizientere Umverteilung zu erreichen. Ist diese Elastizität dagegen gering, sind auch diese fiskalischen Reformvorschläge illusorisch. Und wenn man das Kapital wirklich zur Kasse bitten will – weshalb sollte man unter diesen Bedingungen nicht, statt auf neue Steuern zu sinnen, um Sozialabgaben zu ersetzen, ganz einfach die Löhne erhöhen, was am Beschäftigungsvolumen nichts ändern würde, da es bei geringer Substitutionselastizität ohnehin feststeht?

Die Elastizität des Kapitalangebots. Die Substitutionselastizität zwischen Kapital und Arbeit ist daher der Schlüsselparameter für die Frage nach den Instrumenten der Umverteilung zwischen Kapital und Arbeit. Aber dieser Parameter beantwortet nicht schon die Frage, welchen Umfang die Umverteilung haben sollte, um für die Arbeiter von Vorteil zu sein. Tatsächlich muss die direkte wie die fiskalische Umverteilung von Kapital zu Arbeit ihre Auswirkungen auf den künftigen Kapitalstock der Wirtschaft berücksichtigen. Verringert sich der Anteil des

Kapitals am Gesamteinkommen, sei es durch höhere steuerliche Belastung des Kapitals, sei es durch eine Erhöhung der Preise für Arbeit, so kann dies die Fähigkeit von Unternehmen zu neuen Investitionen ebenso einschränken wie die Bereitschaft wohlhabender Haushalte, zu sparen und ihr Erspartes in Unternehmen zu investieren.

Wie gewichtig sind aber diese negativen Auswirkungen der Umverteilung von Kapital zu Arbeit auf das Sparverhalten und die Kapitalakkumulation? Die traditionelle Extremposition lautet, die Auswirkungen seien so massiv, dass es im wohlverstandenen Interesse der Arbeiter liege, die Kapitaleinkommen nicht zu beschneiden, da jede Umverteilung von Kapital zu Arbeit die verfügbare Kapitalmenge so sehr verringere, dass die Arbeitsproduktivität ebenso sinke. Und mit ihr sänken auch die Löhne – auch wenn man sie durch die von der Umverteilung finanzierten Fiskaltransfers aufstocke [Judd, 1985; Lucas, 1990b]. In diesem Fall müsste eine pragmatische Auffassung sozialer Gerechtigkeit, wie das Rawls'sche Maximin-Prinzip sie vertritt (siehe Einführung), zu dem Schluss kommen, der Staat ergreife am besten gar keine Maßnahmen zur Umverteilung von Kapital zu Arbeit, weder direkte noch fiskalische, da sich jeder Versuch, Ungleichheit abzubauen, am Ende gegen die am stärksten Benachteiligten kehre und daher nicht gerecht sei. Staatliche Umverteilungsmaßnahmen täten dann gut daran, sich auf die Ungleichheit der Arbeitseinkommen zu konzentrieren und die Frage nach der Ungleichheit von Kapital und Arbeit zu vergessen.

Dieses Szenario ist logisch denkbar, aber die verfügbaren empirischen Studien stützen es nicht. Um solche Auswirkungen einzuschätzen, greift man auf den Begriff der «Elastizität des Kapitalangebots» zurück. Diese Elastizität misst, um wie viele Prozentpunkte das Kapitalangebot, das heißt die in Unternehmen investierte Ersparnis der Haushalte abnimmt, wenn die Investitionsrendite um 1 % sinkt. Empirischen Schätzungen zufolge geht diese Elastizität aber im Allgemeinen fast gegen null. Wenn die Sparzinsen sinken, sparen die Haushalte mehr, um auch in Zukunft über ausreichendes Einkommen zu verfügen. Und das scheint die Tatsache, dass künftiger Konsum bei niedriger Rendite weniger attraktiv ist als gegenwärtiger Konsum, nicht nur auszugleichen, sondern zu überwiegen. Der Einkommenseffekt überwiegt, in der Sprache der Ökonomen zu reden, den Substitutionseffekt, der gegenwärtigen Konsum an die Stelle des künftigen treten lässt [Atkinson und Stiglitz, 1980, Kapitel 3–4]. Tatsächlich fielen Zeiten hoher Zinssätze und sinkender Steuern auf Kapitaleinkommen, wie wir sie in den 1980er- und 1990er-Jahren erlebt haben, nicht durch besonders hohe Sparquoten auf – ganz im Gegenteil. Wenn die Elastizität des Kapitalangebots gleich null oder zumindest gering ist, wenn also der verfügbare Kapitalstock nicht oder zumindest kaum vom Umfang der Umverteilung abhängt, gebietet soziale Gerechtigkeit eine möglichst weitreichende Umverteilung, die durch fiskalische Umverteilung erreicht werden kann. Denn sobald die Substitutionselastizität zwischen Kapital und Arbeit nicht zu vernachlässigen ist, kann eine anspruchsvolle Umverteilung nicht durch direkte Umverteilung erreicht werden, weil diese das Beschäftigungsvolumen unnötig verringern würde.

Wahr ist freilich auch, dass Schätzungen der Elastizität des Kapitalangebots nur einen Teil der potenziell negativen Auswirkungen einer Umverteilung messen, da praktisch auch nur ein Teil der Investitionen aus der Ersparnis der Haushalte stammt. Ein erheblicher, ja oft der überwiegende Teil stammt direkt aus Unternehmensgewinnen, die nicht an Aktionäre oder Gläubiger ausgeschüttet werden. Häufig ist diese interne Investition leichter zu bewerkstelligen und effizienter als die Einwerbung externer Ersparnisse. Man wird also auch den Auswirkungen der Umverteilung von Kapital zu Arbeit auf die Finanzstruktur von Unternehmen und ihre Fähigkeit zur Investition von Gewinnen Rechnung tragen müssen, um zu einer umfassenden Einschätzung der Elastizität des Kapitalangebots und des optimalen Umfangs sozial gerechter Umverteilung zu kommen.

Grundlegender ist der Einwand, dass es auch bei geringer Elastizität des Kapitalangebots mit erheblichen Schwierigkeiten verbunden ist, Kapitaleinkommen in einer Welt zu erfassen und zu besteuern, in der internationale Mobilität von Ersparnissen und Investitionen herrscht und Staaten in der Absicht, möglichst viele Investoren anzulocken, unabhängig voneinander über ihr jeweiliges Umverteilungsniveau entscheiden. Dieser Steuerwettbewerb unter den Ländern sorgt dafür, dass in jedem einzelnen Staat das Kapitalangebot sehr elastisch sein kann, obwohl seine wirkliche Elastizität gering ist, wenn man sich die Gesamtheit der fraglichen Länder ansieht. Tatsächlich war es vor allem mangelnde zwischenstaatliche Koordination, die dafür gesorgt hat, dass in den 1980er- und 1990er-Jahren die Steuern auf Kapitaleinkommen in allen europäischen Ländern so deutlich gesunken sind. Ohne Fiskalföderalismus, das heißt Besteuerung von Kapital im möglichst umfassenden politischen und geografischen Maßstab, wird sich eine im Interesse sozialer Gerechtigkeit optimale Umverteilung von Kapital zu Arbeit nicht umsetzen lassen.

Brauchen wir Kapitalisten und das Preissystem? Könnte man die Substitutionselastizität zwischen Kapital und Arbeit und die Elastizität des Kapitalangebots präzise messen, so wäre es prinzipiell möglich, die Instrumente und den Umfang einer aus Arbeitersicht optimalen Umverteilung zu bestimmen. Die intellektuelle und politische Auseinandersetzung über eine solche Umverteilung lässt sich freilich nicht auf die Messung dieser Elastizitäten reduzieren. Tatsächlich hat man mit diesem begrifflichen Rahmen die Regeln der Markwirtschaft und die allokative Rolle ihres Preissystems stillschweigend bereits übernommen. Für den Fall der Elastizität des Kapitalangebots liegt das auf der Hand (weshalb sollte man sich von kapitalistischen Haushalten erpressen lassen, die nicht mehr sparen, sobald ihnen die Kapitalrendite zu niedrig scheint?). Aber es gilt ebenso für die Substitutionselastizität zwischen Kapital und Arbeit: Weshalb sollten Unternehmen mehr Kapital und weniger Arbeit einsetzen, wenn der Preis für Arbeit gegenüber dem für Kapital steigt? Sollte man den Unternehmen nicht einfach verbieten, Personal abzubauen, oder von ihnen verlangen, sich mithilfe von Betriebsräten und einer wachsamen öffentlichen Meinung die kollektiven Ziele der Beschäftigung und sozialen Gerechtigkeit zu eigen zu machen? Die allokative Rolle des Preissystems zu akzeptieren und zum Beispiel zu verkünden, die fiskalische sei der direkten Umverteilung überlegen – heißt das nicht, das individuelle Eigeninteresse zum Maßstab der Ressourcenallokation in komplexen Wirtschaftssystemen zu machen? Die Wendung gegen einen solchen Fatalismus und die Hoffnung auf solidarischere wirtschaftliche Organisationsformen ist kennzeichnend für die traditionelle Einstellung der Linken gegenüber dem Markt und der sozialen Ungleichheit im Allgemeinen. Daher auch der Vorbehalt der Linken dagegen, fiskalische Maßnahmen zum privilegierten Instrument sozialer Gerechtigkeit und namentlich einer Umverteilung von Kapital zu Arbeit zu machen. Wir werden derselben Skepsis anlässlich der Umverteilung von Arbeitseinkommen wieder begegnen (siehe Kapitel 3).

Dieser Vorbehalt gegenüber der Logik des Preissystems und der fiskalischen Umverteilung hat denn auch sehr viel mehr als die Überzeugung, die Substituierbarkeit von Kapital und Arbeit sei auf makroökonomischer Ebene zu vernachlässigen, dafür gesorgt, dass Vorschläge zu einer Fiskalreform, die auf Verringerung der Abgabenlast auf Arbeit zielten (wie zum Beispiel die weiter oben erwähnte Allgemeine Sozialabgabe, die *cotisation sociale généralisée* in Frankreich), in weiten Teilen der Linken und der europäischen Gewerkschaftsbewegung der 1980er- und 1990er-Jahre auf wenig Begeisterung, ja offene Feindseligkeit gestoßen sind. Hinter diesen Vorschlägen stand tatsächlich die Idee, bei einem Überangebot an Arbeitskraft seien vielleicht ein niedriger Preis für Arbeit und ein hoher Preis für Kapital nicht die schlechtesten Anreize für Unternehmen, weniger Kapital und mehr Arbeit einzusetzen – und nicht der schlechteste Anreiz für Konsumenten, mehr arbeitsintensive und weniger kapitalintensive Güter zu konsumieren. Welchen anderen Weg sollte es auch geben in einer Welt, in der eine ungeheure Fülle von Gütern und Diensten produziert und angeboten wird, bei denen sich häufig schwer ausmachen lässt, wie viel Kapital und wie viel Arbeit in ihnen jeweils steckt? Preise übernehmen, anders gesagt, eine Signalfunktion. Sie übermitteln den verschiedenen Wirtschaftsakteuren Informationen, die sich ohne sie, wie das allgemein anerkannte Scheitern der Planwirtschaft belegt, kaum übermitteln ließen. Aber die Frage ist so komplex und die resignative Haltung gegenüber dem individuellen Eigennutz so bedrückend, dass diese Argumentation nicht immer auf ungeteilte Zustimmung stößt.

Debatten über das Preissystem, das Eigeninteresse und mögliche andere Wirtschaftsformen, die Hoffnungen wecken und Fragen aufwerfen, auf die empirische Daten nie eine erschöpfende Antwort bereithalten werden, bewegen sich offenbar auf einer anderen Ebene als empirische Messungen der Elastizität des Kapitalangebots oder der Substitutionselastizität zwischen Kapital und Arbeit – und insbesondere auf einer anderen Ebene als die oben skizzierte Debatte zwischen der klassischen und der marginalistischen Theorie der Kapital-Arbeits-Aufteilung. Und dennoch waren diese beiden Debatten nicht immer unabhängig voneinander. Wie wir oben gesehen haben, sinkt bei geringer Substitutionselastizität zwischen Kapital und Arbeit auch der Nutzen des Preissystems. Wenn die kapitalistische Produktionsweise ganz einfach darin besteht, feststehende Mengen von Kapital und Arbeit zusammenzubringen, also *n* Arbeiter an eine Maschine zu setzen, wozu braucht man dann einen Besitzer dieser Maschine? Da dessen Beitrag sich darauf beschränkt, sich seinen Anteil zu sichern, könnte man ihn auch einfach ausschalten, indem man die Produktionsmittel vergesellschaftet. Und was die Ersparnis anbelangt, reicht es aus, einen ausreichenden Teil des Nationaleinkommens einzubehalten, um den Bestand an Maschinen aufzustocken und mit der erforderlichen Zahl von Arbeitern zusammenzubringen. Auch dafür braucht es keine Kapitalisten. Das war es offenbar, was Marx aus seiner Beobachtung der kapitalistischen Produktionsweise schloss, die so ungeheuer einfach schien. Wie die Marginalisten darauf zu beharren, dass Kapital und Arbeit einander substituieren können, hieß dagegen, den Akzent auf die Komplexität der Wirtschaft zu legen – und damit auf die Notwendigkeit von Entscheidungen, die irgendjemand treffen muss. Mangels eines anderen Systems zur Lösung der komplexen Allokationsprobleme ließ sich damit auch die Legitimität des Preissystems und des Privateigentums wieder behaupten. Die Debatte über die

Substituierbarkeit von Kapital und Arbeit wurde daher häufig als Grundsatzdebatte verstanden, in der die Legitimität des Preissystems und des Kapitalismus als solche infrage stehen – sei es in den Kontroversen zwischen Marx und den Marginalisten in den 1870er- und 1880er-Jahren, sei es in der Cambridge-Cambridge-Kontroverse der 1950er- und 1960er-Jahre.

So verständlich es ist, dass die Grenzen zwischen ganz unterschiedlichen Debatten verschwimmen, so unglücklich ist es. Die Frage nach der Legitimität des Preissystems erschöpft sich offenbar nicht in der Frage nach der Substituierbarkeit von Kapital und Arbeit, und sei es auch nur, weil das Preissystem auch dann, wenn es auf makroökonomischer Ebene keine nennenswerte Substituierbarkeit von Kapital und Arbeit gibt, eine nützliche Rolle bei der Entscheidung über die Produktion von Gütern und Dienstleistungen spielen kann. Umgekehrt gilt, wie wir bereits gesehen haben, dass die Antwort auf die Frage nach ihrer Substituierbarkeit noch nichts darüber sagt, wie umfangreich die Umverteilung von Kapital zu Arbeit sein sollte. Bewegt man sich einmal in den Grenzen einer Marktwirtschaft, ist es vor allem die Frage nach dem Gegensatz zwischen direkter und fiskalischer Umverteilung, die in der Kontroverse zwischen klassischer und marginalistischer Theorie der Kapital-Arbeits-Aufteilung auf dem Spiel steht.

Ein Kompromiss zwischen Theorien kurzfristiger und langfristiger Entwicklungen? Lässt sich anhand der historischen Daten, insbesondere zur Kapital-Arbeits-Aufteilung, der Streit zwischen klassischer und marginalistischer Theorie entscheiden?

Es ist nicht immer leicht, von theoretischen Begriffen wie Nationaleinkommen, Gewinn und Lohn, Kapital und Arbeit zu empirischen Begriffen zu kommen, wie sie in den statistischen Erhebungen der Volkswirtschaftlichen Gesamtrechnungen auftauchen (siehe Kasten auf S. 50f.). Aber ist diese Hürde einmal genommen, fällt eine verblüffende empirische Gesetzmäßigkeit auf, die Keynes schon 1930 die am besten belegte Gesetzmäßigkeit der ganzen Wirtschaftswissenschaft genannt hat.

Tatsächlich zeigt Tabelle 8, dass der Anteil der Gewinne und

Tabelle 8: Aufteilung der Wertschöpfung der Unternehmen zwischen Kapital und Arbeit in den Vereinigten Staaten, Frankreich und Großbritannien, 1920–1995 (in Prozent)

	Vereinigte Staaten		Frankreich		Großbritannien	
	Kapital	Arbeit	Kapital	Arbeit	Kapital	Arbeit
1920	35,2	64,8	33,7	66,3	38,1	61,9
1925	35,1	64,9	34,9	65,1	38,1	61,9
1930	37,9	62,1	32,5	67,5	38,1	61,9
1935	32,9	67,1	30,5	69,5	35,8	64,2
1940	36,9	63,1	31,3	68,7	36,3	63,7
1945	30,9	69,1				
1950	34,9	65,1	37,8	62,2	33,2	66,8
1955	34,9	65,1	34,1	65,9	32,5	67,5
1960	32,9	67,1	34,4	65,6	31,2	68,8
1965	35,9	64,1	32,4	67,6	32,5	67,5
1970	30,9	69,1	33,6	66,4	32,4	67,6
1975	30,9	69,1	29,7	70,3	28,3	71,7
1980	33,9	66,1	28,3	71,7	29,2	70,8
1985	34,0	66,0	32,0	68,0	32,2	67,8
1990	33,8	66,2	37,6	62,4	28,2	71,8
1995	33,5	66,5	39,7	60,3	31,5	68,5

Siehe Kasten «Den Anteil des Kapitals messen», S. 50f.

Quellen: Für 1980–1995: OECD [1996, S. A27]. Für 1920–1975: Vereinigte Staaten: Atkinson [1983, S. 202], Duménil und Lévy [1996, Statistischer Anhang]. Frankreich: INSEE [1994, S. 84–153] (Berechnungen des Autors anhand der Reihen cse, ebe, idve und mse). Großbritannien: Atkinson [1983, S. 201].

der Löhne am Nationaleinkommen über einen Zeitraum von siebzig Jahren in drei Ländern, deren Geschichte insbesondere in sozialpolitischer Hinsicht ganz unterschiedlich verlaufen ist, im Wesentlichen konstant geblieben ist. Der Anteil der Löhne sinkt nie unter 60% und steigt nie über 71%. Er hält sich im Allgemeinen bei 68–69%, und es ist unmöglich, irgendeinen systematischen Trend des Lohnanteils nach oben oder unten auszumachen. Die Verteilung der Wertschöpfung auf Gewinne und Löhne scheint stets mehr oder weniger so auszusehen, dass ein Drittel des Einkommens vom Kapital und zwei Drittel von der Arbeit beansprucht werden.

Von der Verteilung der Wertschöpfung zum Haushaltseinkommen. Betrachten wir zunächst den Zusammenhang zwischen dieser 1/3-2/3-Verteilung des Einkommens auf Kapital und Arbeit und der Verteilung der Haushaltseinkommen, die wir in Kapitel 1 beschrieben haben. Tabelle 8 stellt die Verteilung des Primäreinkommens auf Kapital und Arbeit dar, das heißt die Summe aller Bruttolöhne und -vergütungen, einschließlich der Sozialabgaben, die von den Unternehmen tatsächlich für ihre Arbeiter gezahlt werden, und die Summe aller Bruttogewinne oder den Bruttobetriebsüberschuss, das heißt alles, was den Unternehmen bleibt, nachdem sie ihre Arbeiter bezahlt haben (siehe Kasten auf S. 50f.). Das Verhältnis dieser Zahlen zu den verfügbaren Haushaltseinkommen ist also komplex. So handelt es sich zum Beispiel bei einem nicht unerheblichen Teil der Summen, die in der Spalte «Arbeit» von Tabelle 8 auftauchen, tatsächlich um Sozialabgaben, die in der Form von Renten und Sozialtransfers in den verfügbaren Haushaltseinkommen wieder auftauchen, wie sie in Tabelle 1 aufgeführt sind. Dann und vor allem werden nicht alle Unternehmensgewinne an die kapitalistischen Haushalte ausgeschüttet, die ihre Aktien oder Anleihen besitzen. Ein erheblicher Teil dieser Bruttogewinne, häufig mehr als die Hälfte, wird von den Unternehmen einbehalten, um die Kapitalentwertung auszugleichen (im Durchschnitt fast 10% der Wertschöpfung) und neue Investitionen zu tätigen, ohne Fremdkapital beschaffen zu müssen.

Zu berücksichtigen sind auch Steuern auf Gewinne, die von Unternehmen vor deren Ausschüttung an ihre Aktionäre gezahlt werden. Dieser Faktor ist indessen von begrenzter Bedeutung. Obwohl die Gewinnsteuersätze in den meisten europäischen Ländern bei 40–50% liegen, beläuft sich das entsprechende Steueraufkommen im Allgemeinen nur auf 2,5–3% des BIP, in Frankreich in den 1990er-Jahren sogar auf 1,5%, obwohl dort der Anteil des Kapitals an der Wertschöpfung höher als anderswo ist [OECD, 1995, S. 78]! Das liegt daran, dass der Begriff des steuerpflichtigen Gewinns sehr viel enger als der des Bruttobetriebsüberschusses ist, da Unternehmen, bevor sie ihren steuerpflichtigen Gewinn berechnen, nicht allein die geschätzte

Den Anteil des Kapitals messen

Wie misst man den jeweiligen Anteil von Gewinnen und Löhnen an der Wertschöpfung? Was Unternehmen mit dem Verkauf ihrer Produkte an Verbraucher und andere Unternehmen erlösen, dient stets dazu, verschiedene Arten von Kosten zu begleichen. Wodurch entstehen diese Kosten?

- Durch Vorleistungen, das heißt Güter und Dienste, die Unternehmen von anderen Unternehmen kaufen und verbrauchen, um eigene Güter und Dienstleistungen zu produzieren, im Unterschied zu Maschinen und Betriebsmitteln, die nicht jährlich erneuert werden und das Kapital des Unternehmens bilden.
- Durch Bezahlung der Arbeitnehmer, die den Nettolohn (vor Steuern), den direkt vom Bruttolohn abgehenden Arbeitnehmeranteil der Sozialabgaben (die Summe des Nettolohns (vor Steuern) und des Arbeitnehmeranteils ist der Bruttolohn) und den Arbeitgeberanteil der Sozialausgaben umfasst. Diesem Aggregat entspricht das Bruttoarbeitseinkommen oder, einfacher, das Arbeitseinkommen.
- Was nach Abzug dieser beiden Kostenarten übrig bleibt, ist der sogenannte Bruttobetriebsüberschuss. Er ist im Allgemeinen sehr viel höher als der Unternehmensgewinn im strengen Sinne, da aus dem Bruttobetriebsüberschuss nicht nur Dividenden der Anteilseigner bezahlt werden, sondern auch der Austausch von Maschinen und Betriebsmitteln, das heißt der Kapitalverbrauch oder die Kapitalabschreibung. Diesem Aggregat entspricht das Bruttokapitaleinkommen oder, einfacher, das Kapitaleinkommen.

Die Wertschöpfung des Unternehmens ist per definitionem die Differenz zwischen Verkaufserlös und Vorleistungen. Damit entspricht die Wertschöpfung der Summe aus Arbeits- und Kapitaleinkommen. Berechnet man den jeweiligen Anteil von Gewinnen und Löhnen, so berechnet man tatsächlich den Anteil der Arbeits- und Kapitaleinkommen in Prozent der Wertschöpfung. Man lässt also den Anteil der Vorleistungen außer Acht, was auch völlig legitim ist, da bei anderen Unternehmen gekaufte Güter und Dienstleistungen ihrerseits das Kapital und die Arbeit vergüten, die von diesen anderen Unternehmen eingesetzt werden, und daher nicht zweimal in Rechnung gestellt werden dürfen.

Abgesehen von Abgaben, die direkt (wie die Gewinnsteuer) auf Kapital oder (wie die Sozialabgaben) auf Arbeit erhoben werden und damit im Arbeits- und Kapitaleinkommen enthalten sind, zahlen Unternehmen noch andere, indirekte Steuern wie die Mehrwertsteuer, deren Höhe nicht unmittelbar von der Aufteilung der Wertschöpfung zwischen Kapital und Arbeit abhängt. Sie lassen sich daher weder dem Bruttokapitaleinkommen noch dem Bruttoarbeitseinkommen zuschlagen. Bei der Berechnung des jeweiligen Anteils von Kapital und Arbeit an der Wertschöpfung wird dieser Anteil der indirekten Steuern für gewöhnlich vernachlässigt. Man berechnet also den Anteil der Kapital- und Arbeitseinkommen in Prozent der Wertschöpfung abzüglich indirekter Steuern. Dadurch machen der Anteil des Kapitals und der Arbeit an der Wertschöpfung wie in Tabelle 7 und 8 insgesamt 100% aus, was die Einschätzung vereinfacht, da indirekte Steuern nicht direkt von der Kapital-Arbeits-Aufteilung abhängen.

Eine weitere Komplikation hat schließlich mit der Frage zu tun, wie man das Einkommen von Selbstständigen einschätzen soll (Landwirte, Einzelhändler, Mediziner und Rechtsanwälte etc.), da deren Wertschöpfung nicht nur ihre Arbeit, sondern auch das von ihnen investierte Kapital vergütet, ohne dass ihre Buchführung eine bündige Unterscheidung zwischen Löhnen und Gewinnen zulässt. Würde man dies bei den Selbstständigen nicht berücksichtigen, käme man zum Beispiel zu dem Schluss, der Lohnanteil an der Wertschöpfung habe seit dem 19. Jahrhundert beträchtlich zugenommen. Tatsächlich liegt dies ganz einfach daran, dass der Prozentsatz der unselbstständig Beschäftigten stark zugenommen hat [Morrisson, 1996, S. 78]. Die rechnerische Konvention der OECD besteht darin, Selbstständigen den selben Arbeitslohn zuzurechnen wie unselbstständig Beschäftigten. Alle Zahlen in Tabelle 7 und 8 sind dieser Konvention entsprechend angepasst worden.

Entwertung ihres Kapitalstocks, sondern auch die an ihre Gläubiger gezahlten Zinsen, die Einzelwertberichtigungen etc. in Abzug bringen können. Wir haben es hier mit der «löchrigsten» aller Bemessungsgrundlagen des modernen Steuerwesens zu tun – gemeinsam mit der für Kapitaleinkommen von Haushalten, die größtenteils von Steuerbefreiungen und -ermäßigungen aller Art profitieren. Und schließlich muss man der Tatsache Rechnung tragen, dass ein bedeutender Teil der von Haushalten bezogenen Löhne, die in Tabelle 1 aufgelistet sind, von staatlichen Stellen bezahlt werden und aus Steuern auf Kapitaleinkommen (wie die Gewinnsteuer) oder die Wertschöpfung der Unternehmen (wie die Mehrwertsteuer) stammen. Verglichen mit der Verteilung der Wertschöpfung der Unternehmen auf Kapital und Arbeit, erhöht sich dadurch der Anteil der Löhne an den Haushaltseinkommen gegenüber dem Anteil der Kapitaleinkünfte. All diese Faktoren sind dafür verantwortlich, dass trotz eines Anteils der Bruttogewinne an der Wertschöpfung der

Unternehmen von 32–34% der Anteil der Kapitaleinkommen am Gesamteinkommen der Haushalte nur bei 10% liegt (siehe Kapitel 1).

Was lehrt uns die Beständigkeit des Lohnanteils? Kommen wir auf Tabelle 8 zurück. Wie ist diese Beständigkeit des Lohnanteils über einen so langen Zeitraum in so vielen Ländern zu deuten? Lässt man die Theorie der Gewinneinbehaltung außer Acht, ist die erste Lehre aus dieser Beständigkeit, dass der Ursprung des beträchtlichen Kaufkraftanstiegs seitens der Arbeitnehmer im 20. Jahrhundert nicht in der Kapital-Arbeits-Aufteilung liegt. Es rührt, anders gesagt, nicht daher, dass soziale Kämpfe den Einkommensanteil verringert hätten, den Kapitalisten sich aneignen, wenn die Kaufkraft des französischen Arbeiters zwischen 1920 und 1990 um etwa das Vierfache gestiegen ist (siehe Tabelle 6) – der Lohnanteil an der Wertschöpfung der Unternehmen lag im Großen und Ganzen 1920 wie 1990 bei zwei Dritteln des Nationaleinkommens (siehe Tabelle 8). Und während statistische Reihen zur Gewinn-Lohn-Aufteilung in Frankreich, die weiter als bis 1920 zurückreichen, angesichts zweier Weltkriege und einer gewandelten Nomenklatur heikel sind, zeigen US-amerikanische Statistiken, die verlässliche Daten bis 1869 bieten, dass der Lohnanteil schon im 19. Jahrhundert zwischen 66% und 68% schwankte [Duménil und Lévy, 1996, Kapitel 15]. Sie lassen also eine konstante Gewinn-Lohn-Aufteilung über mehr als einhundertzwanzig Jahre erkennen – ein Zeitraum, in dem die Löhne sich mehr als verzehnfacht haben! Natürlich ist nicht zu leugnen, dass sich das Kapital während dieses Zeitraums durchgängig ein Drittel der Wertschöpfung angeeignet hat. Wäre dieses Einkommen einschließlich des für Kapitalentwertung anfallenden Teils vollständig für Arbeit aufgewendet worden, hätten die Löhne um 50% erhöht werden können. Die Lebensbedingungen der Arbeiter, die verglichen mit dem opulenten Lebensstil manches Kapitalisten um 1870 in vielen Fällen erbarmungswürdig waren und es auch 1990 noch sind, hätten sich damit erheblich verbessern lassen. Aber zugleich wird man zur Kenntnis nehmen müssen, dass diese Erhöhung um 50% nur die Hälfte der Lohnerhöhung ausgemacht hätte, die zwischen 1870 und 1910 tatsächlich stattgefunden hat, und weniger als ein Viertel der Lohnerhöhung zwischen 1950 und 1990 (siehe Tabelle 6). Und es ist schwer, zu glauben, dass es zu diesen Lohnerhöhungen um 100% zwischen 1870 und 1910 oder um mehr als 200% zwischen 1950 und 1990 hätte kommen können, wäre 1870 oder 1950 der Kapitalanteil auf 0% gesenkt worden. So dürftig unsere Kenntnisse darüber sind – es ist wahrscheinlich, dass auf einem solchen Umverteilungsniveau das Kapitalangebot gesunken wäre und eine aus Sicht der Arbeiter optimale Umverteilung von Kapital zu Arbeit sehr viel bescheidener hätte ausfallen müssen – wenn auch deutlich umfangreicher als die, zu der es tatsächlich gekommen ist.

Wer zahlt die Sozialabgaben? Die zweite Lehre, die wir aus Tabelle 8 ziehen können, hat mit der Frage der Steuerwirkung zu tun. Tatsächlich waren die von Unternehmen in den 1920er- und 1930er-Jahren gezahlten Sozialabgaben nicht weiter erwähnenswert, während Arbeitgeberbeiträge in den 1990er-Jahren in Frankreich etwa 45% des Bruttolohns ausmachen und der Arbeitnehmeranteil sich noch einmal auf mehr als 20% des Bruttolohns beläuft (siehe Kasten auf S. 50f.). Wer hat die Arbeitgeberbeiträge gezahlt? Ganz sicher nicht die Arbeitgeber, da der Anteil der Arbeitseinkommen an der Wertschöpfung, der alle für die Arbeiter gezahlten Sozialabgaben einschließt, zwischen 1920 und 1995 nicht gestiegen ist. So sind auch die Arbeitgeberbeiträge in den Vereinigten Staaten und in Großbritannien in den 1990er-Jahren sehr viel niedriger – und dennoch ist der Anteil des Arbeitseinkommens an der Wertschöpfung in Frankreich nicht höher als in diesen beiden Ländern. Das Gegenteil trifft zu (siehe Tabelle 8). Der Höchstsatz der Arbeitgeberbeiträge lag in den Vereinigten Staaten bei 7,65%, in Großbritannien bei 10,2% des Bruttolohns. Dazu kam noch einmal derselbe Satz für den Arbeitnehmeranteil. Insgesamt beliefen sich die Sozialabgaben (von Arbeitgebern und Arbeitnehmern) auf ungefähr 6–7% des Bruttosozialprodukts, gegenüber fast 20%

in Frankreich [OECD, 1995, S. 79]. Wären die Arbeitgeberbeiträge von Arbeitgebern bezahlt worden, hätte der Anteil der Arbeit an der Wertschöpfung in Frankreich um mindestens 10% des BIP höher als in den angelsächsischen Ländern sein müssen.

Es ist daher klar, dass Sozialabgaben nicht aus Kapitaleinkommen gezahlt werden. Das ist eine fundamentale Einsicht, weil aus ihr folgt, dass die modernen sozialen Sicherungssysteme, die das Herzstück der zeitgenössischen Umverteilung bilden (die Sozialabgaben machen in Frankreich 20% des BIP aus, gegenüber 1,5% für die Gewinnsteuer) und von der Idee getragen waren, Kapitalisten sollten gemeinsam mit den Arbeitern für die Sozialausgaben aufkommen, in Wahrheit für keinerlei Umverteilung von Kapital zu Arbeit gesorgt haben. Die ganzen Kosten tragen vielmehr die Arbeitseinkommen. Die Legitimität solcher Systeme wird dadurch nicht schon infrage gestellt, da sie eine starke Umverteilung innerhalb der Arbeitseinkommen ermöglichen und Sicherungsfunktionen übernehmen, die von den privaten Märkten häufig nicht erfüllt werden können (siehe Kapitel 4). Was dadurch aber zutiefst infrage gestellt wird, ist die mehr oder weniger ausdrückliche Absicht einer Umverteilung von Kapital zu Arbeit, von der die Einrichtung solcher Systeme sich häufig leiten ließ, eine Absicht, die der klassischen Theorie der Verteilung zwischen Kapital und Arbeit sehr nahesteht, wonach sich durch Verhandlungen eine gerechtere Aufteilung erreichen lassen sollte – zum Beispiel, indem man den Arbeitgeberanteil an den Sozialabgaben höher veranschlagt als den Arbeitnehmeranteil und dadurch einen Zusatzlohn zu dem Lohn schafft, den die Kapitalbesitzer zahlen. Tatsächlich sieht es aber ganz so aus, als behalte die Theorie der Steuerwirkung recht. Was man wissen muss, ist nur, wie die Steuer bemessen wird, wie sie also von der Höhe des Lohns, des Gewinns etc. abhängt – und nicht, wie diese Steuer heißt und und wer sie offiziell zahlt, also an die entsprechende Behörde überweist. Es tut wenig zur Sache, ob soziale Sicherungssysteme durch Sozialabgaben der Arbeitgeber oder der Arbeitnehmer finanziert werden, oder ob durch eine Einkommensteuer in entsprechender Höhe die Löhne belastet werden. Genau das geschieht zum Beispiel in Dänemark, wo es keine Sozialabgaben gibt und das großzügige soziale Sicherungssystem zur Gänze von der Einkommensteuer finanziert wird (die angesichts der begrenzten Bedeutung der Kapitaleinkommen im Wesentlichen eine Lohnsteuer ist). Es verwundert denn auch nicht, dass der Anteil der Arbeitseinkommen an der Wertschöpfung der Unternehmen dort so groß ist wie anderswo auch. Dänische Unternehmen geben für ihre Beschäftigten nicht mehr und nicht weniger Geld als französische Unternehmen aus. Sie zahlen bloß keine Sozialabgaben, sondern überweisen alles in Gestalt von Löhnen, und die Beschäftigten zahlen dann ihre Einkommensteuer. Allgemeiner gesprochen: Der Anteil der Sozialabgaben an der Finanzierung sozialer Sicherungssysteme variiert, zwischen dem dänischen und dem französischen Extrem, von Land zu Land, aber der Anteil der Arbeit an der Wertschöpfung ist überall mehr oder weniger gleich. Ob Sozialabgabe oder Einkommensteuer: Der einzig relevante Parameter ist, ob und wie der Steuersatz vom Lohnniveau abhängt – wie progressiv, anders gesagt, die Steuer ist –, und ob er auch vom Niveau des Kapitaleinkommens abhängt. Eine wirkliche Umverteilung von Kapital zu Arbeit hätte es also nur durch eine Steuer geben können, die das Kapital belastet.

Eine Cobb-Douglas-Produktionsfunktion? Wie lässt sich aber vor dem Hintergrund dieser Überlegungen die Beständigkeit des Anteils der Gewinne überhaupt erklären? Die traditionelle Antwort der Ökonomen lautet, dass sich die westlichen Ökonomien des letzten kapitalistischen Jahrhunderts auf makroökonomischer Ebene sinnvoll durch eine Produktionsfunktion des Cobb-Douglas-Typs beschreiben lassen, das heißt durch eine Substitutionselastizität zwischen Kapital und Arbeit von 1. Tatsächlich lässt sich nur bei einer Substitutionselastizität zwischen Kapital und Arbeit von 1 verlässlich vorhersagen, dass die Anteile von Gewinnen und Löhnen konstant bleiben, ganz gleich, welche Mengen an Arbeit und Kapital zur Verfügung stehen und welche politischen oder ökonomischen Schocks die Preise für Kapital und Arbeit heimsuchen. Das würde auch die beobachtete Steuerwirkung der Sozialabgaben erklären, also einer Abgabenlast auf Arbeit, die deren Preis in die Höhe treibt.

Gewiss könnte man selbst für den Fall einer Technologie mit festen Koeffizienten zu bedenken geben, der soziale und politische Konflikt habe eben stets und überall zu ein und derselben akzeptablen Einkommensaufteilung geführt: zwei Drittel für Löhne, ein Drittel für Gewinne. Wie Solow selbst festgehalten hat, müsste man zunächst bestimmen, wie viel Variation man überhaupt erwarten darf, bevor man sich über die Beständigkeit der Kapital-Arbeits-Aufteilung wundert [Solow, 1958]. Ökonometrische Studien haben untersucht, wie das Beschäftigungsniveau einzelner Unternehmen schwankt, wenn der Preis für Arbeit schwankt, und auf dieser mikroökonomischen Ebene eine beachtliche Substitutionselastizität zwischen Kapital und Arbeit nachgewiesen. Nach einem Vergleich der Resultate mehrerer Dutzend Untersuchungen in sämtlichen westlichen Ländern, kommt Hammermesh [1986; 1993] zu dem Ergebnis, aus den meisten Schätzungen der Elastizität der Arbeitsnachfrage ergebe sich eine Substitutionselastizität zwischen Kapital und Arbeit von 0,7 bis 1,1, und hält fest, dass die «Cobb-Douglas-Funktion der Realität recht nahekommt» [1986, S. 451–452, 467]. Vergleicht man die Beschäftigungssituation in den westlichen Ländern seit den 1970er-Jahren, so zeichnet sich, wie wir noch sehen werden, ebenfalls eine nicht unerhebliche Substitutionselastizität zwischen Kapital und Arbeit ab. Die Befunde scheinen also für die Triftigkeit der marginalistischen Theorie der Kapital-Arbeits-Aufteilung zu sprechen – und damit für die Überlegenheit der fiskalischen über die direkte Umverteilung.

Historische gegen politische Zeitrechnung? Man sollte freilich die Grenzen dieser historischen Gesetzmäßigkeit nicht unterschätzen. So beeindruckend die Beständigkeit des Gewinnanteils mittel- und langfristig ist, kurzfristig scheint sie häufig außer Kraft gesetzt, um sich nur auf lange, für die Betroffenen oft allzu lange Sicht wirklich zu bestätigen. Führen wir uns beispielhaft die Entwicklung des Lohn- und des Gewinnanteils in den OECD-Staaten zwischen 1979 bis 1995 vor Augen.

Tabelle 9 zeigt sehr starke Schwankungen der Gewinn-Lohn-Aufteilung. Während der Anteil der Löhne in den 1970er-Jahren tendenziell größer wurde, nachdem die Gewinne zurückgingen und die Löhne weiterhin rasch stiegen, nimmt der Anteil der Gewinne in den 1980er- und 1990er-Jahren seinerseits zu, zuweilen nicht unerheblich. Frankreich ist das Land, in dem diese Schwankungen am deutlichsten hervortreten. 1970 lag der Lohnanteil bei 66,4 %, stieg dann bis 1981 auf 71,8 %, um nach 1982 kontinuierlich zu sinken und 1990 bei 62,4 %, 1995 bei 60,3 % zu liegen. Wie ist es zu erklären, dass zwischen 1970 und 1982 mehr als 5 % des Nationaleinkommens von Kapital zu Arbeit, von 1983 bis 1995 dagegen mehr als 10 % des Nationaleinkommens von Arbeit zu Kapital umverteilt wurden?

Wie sich zeigt, fällt der erste Zeitabschnitt exakt mit jener Phase starken Lohnanstiegs zusammen, die 1968 durch die von der Regierung de Gaulle unterzeichneten Abkommen von Grenelle eingeläutet wurde, um sich mit den sozialen Bewegungen der 1970er-Jahre und starken Mindestlohnerhöhungen in den 1970er-Jahren fortzusetzen. 1981 ging diese Phase mit einem letzten «Anschub» zu Ende. Der zweite Zeitabschnitt dagegen, der 1983 beginnt, ist durch eine Politik der Lohneinsparungen und das Ende des an den Preisindex gekoppelten Mindestlohns gekennzeichnet, der fortan nur noch minimal erhöht wird. Tatsächlich ist die Kaufkraft zwischen 1968 und 1983 um 53 %, zwischen 1983 und 1995 dagegen nur um 8 % gestiegen [INSEE, 1996a, S. 48]. Gewiss, auch das BIP ist zwischen 1970 und 1983 um 44 %, zwischen 1983 und 1995 dagegen nur um 28 % gestiegen [INSEE, 1996c, S. 34), und dieses Wachstum musste wachsende Ausgaben im Renten- und Gesundheitswesen finanzieren. Aber das ändert nichts daran, dass der Rückgang des Lohnzuwachses im Verhältnis zum Nationaleinkommen beträchtlich war. Anders gesagt: Über einen Zeitraum von fünfundzwanzig Jahren entspricht alles den Vorhersagen der klassischen Theorie der Kapital-Arbeits-Aufteilung: Der Anteil der Gewinne sinkt, wenn die Arbeiter in sozialen Kämpfen gewichtige Lohnerhöhungen erstreiten, und er steigt bei Lohnkürzungen, ohne dass der versprochene Beschäftigungszuwachs sich einstellt.

Tabelle 9: Anteil des Kapitals an der Wertschöpfung der Unternehmen in den OECD-Staaten, 1979–1995 (in Prozent)

	Deutschland	Vereinigte Staaten	Frankreich	Italien	Groß-britannien	OECD
1979	30,5	35,0	30,0	35,5	31,3	32,8
1980	28,5	33,9	28,3	36,0	29,2	32,2
1981	28,2	34,5	28,2	35,3	28,9	32,1
1982	28,6	33,6	28,5	35,4	30,7	31,8
1983	30,8	33,3	29,2	34,5	32,3	32,2
1984	31,8	34,0	30,7	36,4	31,9	33,2
1985	32,4	34,0	32,0	36,6	32,2	33,7
1986	33,1	34,0	34,9	38,6	31,0	34,1
1987	32,7	33,2	35,5	38,4	31,4	33,8
1988	33,8	33,1	36,9	38,8	30,9	34,2
1989	34,6	34,4	38,1	38,3	29,6	34,9
1990	35,6	33,8	37,6	37,3	28,2	34,5
1991	34,0	33,3	37,9	36,6	26,8	33,9
1992	33,3	33,6	38,2	36,6	27,7	34,0
1993	33,4	33,6	37,8	36,9	29,9	34,2
1994	35,0	33,8	39,4	39,8	31,0	34,8
1995	36,0	33,5	39,7	42,5	31,5	35,0

Siehe Kasten «Den Anteil des Kapitals messen», S. 50f.Quelle: OECD [1996, S. A27].

Gewiss ändern diese starken Schwankungen über einen Zeitraum von fünfundzwanzig Jahren nichts daran, dass der Anteil der Löhne, über einen Zeitraum von fünfzig oder hundert Jahren beobachtet, immer ungefähr zwei Drittel der Wertschöpfung der Unternehmen ausgemacht hat. Der Grund für die seit 1950 um 250% und seit 1870 um 700% gestiegene Kaufkraft der Arbeitnehmer kann also nicht in der Kapital-Arbeits-Aufteilung liegen. Aber welche Bedeutung hat das für die Arbeitnehmer, die diese fünfundzwanzig Jahre erlebt haben? Ihr Lebensstandard ist von 1968 bis 1982 stark gestiegen, um dann zwischen 1983 und 1995 mehr oder weniger zu stagnieren, während der produzierte Reichtum weiter wuchs und nichts darauf schließen ließ, dass sich daran am Ende der 1990er-Jahre etwas ändern würde. Wie hätten sie ihren steigenden Lebensstandard nicht mit der Umverteilung von Kapital zu Arbeit in Verbindung bringen sollen? Die auf der politischen Rechten herrschende Überzeugung, nicht Umverteilung von Kapital zu Arbeit, sondern allein Wachstum führe zu einem wirklichen Anstieg des Lebensstandards, gilt also nur auf lange historische Sicht, nicht in den kürzeren Fristen des politischen Handelns, an dem die betroffenen Arbeiter ein legitimes Interesse haben.

Und wie hätten sie auch die Umverteilung von Kapital zu Arbeit nicht den sozialen Kämpfen und Lohnerhöhungen, also der direkten und nicht der fiskalischen Umverteilung zurechnen sollen? Tatsächlich hat noch nie eine fiskalische Umverteilung binnen so kurzer Zeit 10% des Nationaleinkommens umverteilt. Selbst die von der Rechten als «fiskalische Plünderung» verunglimpften Umverteilungsmaßnahmen, die 1981 beim Amtsantritt der sozialistischen Regierung beschlossen wurden (im wesentlichen eineVermögensteuer und eine Zusatzsteuer für die obersten Einkommensteuerklassen), brachten für 1981 weniger als 10 Milliarden Francs [Nizet, 1990, S. 402, 433], also 0,3% des damaligen Nationaleinkommens! Theoretisch gibt es nichts, was einer Regierung eine sehr viel massivere Umverteilung durch Steuern und Transfers verbieten könnte, aber praktisch ist dies innerhalb einer so kurzen Frist noch nie vorgekommen. Auch darum denkt man zwangsläufig an soziale Kämpfe und Lohnerhöhungen, nicht an Steuerreformen und Transferleistungen, wenn von Umverteilung die Rede ist. Und vielleicht ist es weniger ein prinzipieller Vorbehalt als diese historische Realität, wovon die oben erwähnten Bedenken der Linken gegenüber der fiskalischen Umverteilung zehren. Dieselbe Realität und denselben Gegensatz zwischen historischer und politischer Zeit werden wir anlässlich der Ungleichheit der Arbeitseinkommen wiederfinden (siehe Kapitel 3).

Ein solches Schwanken der Kapital-Arbeits-Aufteilung über einen Zeitraum von zehn bis fünfzehn Jahren ist im Übrigen historisch nicht einmalig, selbst wenn die Befunde für die 1970er- bis 1990er-Jahre in Frankreich aufgrund der sozialen und politischen Geschichte des Landes besonders spektakulär ausfallen. Der Anteil der Löhne an der Wertschöpfung der

US-amerikanischen Unternehmen zum Beispiel ist zwischen 1869 und 1880 von etwa 65 % auf 55 % gefallen, vor einem sehr raschen Anstieg auf 65 % in 1885 und 66–68 % in 1890. Der Durchschnittslohn aber ist zwischen 1869 und 1880 nur um 2 %, zwischen 1880 und 1885 dagegen, in einer von großen Streiks und einer besonders aktiven Gewerkschaftsbewegung geprägten Phase, um mehr als 27 % gestiegen. Es kann also vorkommen, dass über einen Zeitraum von zehn bis fünfzehn Jahren das marginalistische Bild von der Kapital-Arbeits-Aufteilung für die sozialen Realitäten einigermaßen bedeutungslos ist. Dasselbe gilt für die Frage der Steuerwirkung: Kurzfristig werden die Arbeitgeberbeiträge oft tatsächlich von den Arbeitgebern bezahlt, ohne unmittelbar durch Lohnsenkungen kompensiert zu werden – und diese Realität prägt zwangsläufig das Bild, das viele sich von der Steuerwirkung machen, auch wenn es unbestreitbar ist, dass die Abgaben langfristig, wie wir oben gesehen haben, stets von der Arbeit bezahlt werden.

Warum ist der Anteil der Gewinne in den Vereinigten Staaten und in Großbritannien nicht gestiegen? Und dennoch: Ganz so einfach liegen die Dinge nicht, schaut man sich die Geschichte der Kapital-Arbeits-Aufteilung zwischen 1970 und 2000 an. Der französische Fall findet sich zwar in Italien und, in abgeschwächter Form, in Deutschland wieder. Umso verblüffender ist es, dass dieses Wachstum des Anteils der Gewinne in den 1980er- und 1990er-Jahren an den Vereinigten Staaten und Großbritannien offenbar völlig vorbeigegangen ist. Der Anteil der Löhne an der Wertschöpfung liegt während der 1980er- und 1990er-Jahre in den Vereinigten Staaten stabil bei 66–67 %, in Großbritannien stabil bei 68–71 % (Tabelle 9). Die Höhe des Anteils der Gewinne in den einzelnen Ländern lässt sich in einigen Punkten aufgrund abweichender Buchführungskonventionen schwer vergleichen, aber die unterschiedlichen Entwicklungen stehen außer Frage: Der Anteil des Kapitals an der Wertschöpfung hat in Frankreich, in Italien und in Deutschland um 10 % zugelegt, während er in den Vereinigten Staaten und Großbritannien gar nicht gestiegen ist. Ganz anders als im Fall der Lohnungleichheit, die in den Vereinigten Staaten und Großbritannien seit den 1970er-Jahren sehr stark zugenommen hat, muss man also feststellen, dass die Länder, in denen während der 1980er- und 1990er-Jahre der Ultra-Liberalismus an die Macht kam, die Einzigen sind, in denen der Gewinnanteil nicht gewachsen ist. Wie lässt sich das erklären?

Zum Teil haben wir es unbestreitbar mit einem Aufholprozess zu tun. In Frankreich waren im Lauf der 1970er-Jahre aufgrund der rasch aufeinander folgenden Lohnerhöhungen die Gewinne um 5–6% der Wertschöpfung zurückgegangen, während dieser Rückgang in Großbritannien sehr viel moderater ausfiel und in den Vereinigten Staaten ganz ausblieb (siehe Tabelle 8). Das erklärt freilich nicht alles. Um 1985–86 hatte der Anteil der Gewinne in Frankreich seinen Stand von 1970 wieder erreicht, was ihn nicht daran hinderte, weiter zu steigen, während er in den Vereinigten Staaten und Großbritannien stabil blieb.

Es fällt schwer, diese Tatsache nicht in einen Zusammenhang damit zu bringen, dass die Vereinigten Staaten und Großbritannien die beiden einzigen Länder sind, die in dieser Zeit Arbeitsplätze geschaffen und damit ihre Gesamtlohnsumme erhöht haben, die in den anderen Ländern stagnierte. Zwischen 1983 und 1996 entstanden in den Vereinigten Staaten mehr als 25 Millionen Arbeitsplätze. Das entspricht einem Anstieg der Gesamtbeschäftigtenzahl um etwa 25% (von 100,8 Millionen auf 126,4 Millionen), während sich dieser Anstieg in Frankreich auf ganze 2% beschränkte (von 21,9 Millionen auf 22,3 Millionen) und das US-amerikanische wie das französische BIP im selben Zeitraum um ungefähr 30% stiegen [OECD, 1996, S. A23]. Es könnte keinen besseren Beweis dafür geben, dass sich ein und derselbe Produktionsanstieg mit mehr als einer Kombination von Kapital und Arbeit erzielen lässt und es folglich auf makroökonomischer Ebene zahlreiche Substitutionsmöglichkeiten gibt. Das französische Wachstum zwischen 1983 und 1996 beruhte auf dem Einsatz qualifizierter Arbeit sowie neuer Betriebsmittel und Maschinen, das US-amerikanische Wachstum dagegen auf einem intensiven Einsatz von Arbeitskräften, und zwar insbesondere gering qualifizierten Arbeitskräften, im Dienstleistungssektor (Gastronomie, Einzelhandel etc.) [Piketty, 1997b].

Diese Deutung wird gestützt durch Daten zur Entwicklung des Kapitalstocks der Unternehmen (Maschinen, Betriebsmittel), die für die 1970er- bis 1990er-Jahre in Frankreich und den meisten anderen europäischen Ländern eine sehr viel raschere Entwicklung als in den Vereinigten Staaten belegen [FMI, 1996]. Das zeigt zugleich, dass die Substituierbarkeit von Kapital und Arbeit nicht nur dazu führt, dass in bestimmten Unternehmen oder Wirtschaftssektoren Maschinen und Arbeiter füreinander substituiert werden können. Sie ermöglicht auch massive Umverteilungen zwischen den Sektoren, etwa zwischen Industrie und Dienstleistung.

Die einfachste Erklärung wäre, dass in Frankreich die Substitution von Kapital durch Arbeit aufgrund zu hoher Lohnkosten infolge der raschen Lohnerhöhungen zwischen 1968 und 1983 ausblieb. Das würde darauf hinweisen, dass die langfristigen Effekte, die von der marginalistischen Theorie behauptet werden, doch nicht so lange auf sich warten lassen, wie die Betroffenen gehofft haben mochten. Damit geringere Lohnkosten zu einem höheren Anteil der Löhne führen, ist es aber erforderlich, dass der Beschäftigungs- den Lohneffekt überwiegt. Erforderlich ist, anders gesagt, eine Substitutionselastizität zwischen Kapital und Arbeit, die höher als 1 ist – also eine Elastizität, von der wir oben gesehen haben, dass sie über den üblichen Schätzwerten liegt. Zudem trifft es zwar zu, dass der Durchschnittslohn zwischen 1983 und 1996 in den Vereinigten Staaten um nicht einmal 5% gestiegen ist. In Großbritannien aber ist er um fast 20% gestiegen, gegenüber weniger als 12% in Frankreich. Und doch hat das die britische Gesamtbeschäftigtenzahl nicht daran gehindert, im selben Zeitraum um fast 10% zu steigen [OECD, 1996, A15, A19, A23]. Zwischen 1983 und 1996 scheint Frankreich also auf allen Ebenen verloren zu haben, weil beides stagnierte, die Löhne und die Beschäftigungszahlen. Die Folge war ein außerordentlich starker Rückgang des Anteils der Arbeit an der Wertschöpfung.

Neben den durchschnittlichen Arbeitskosten könnten noch

zwei andere Faktoren dafür verantwortlich sein, dass der Anteil der Lohnsumme am produzierten Reichtum in Frankreich und in Kontinentaleuropa sinkt, während er in den angelsächsischen Ländern konstant bleibt. Eine erste Erklärung ist die wachsende Divergenz der Lohnkosten in Abhängigkeit vom Qualifikationsniveau, die den Beschäftigungszuwachs der 1980er- und 1990er-Jahren in den angelsächsischen Ländern erst möglich gemacht hat (siehe Kapitel 3). Die zweite Erklärung lautet, dass Arbeitseinkommen in Gestalt der Beschäftigungsstabilität und Arbeitsplatzgarantie auch eine nicht-monetäre Komponente einschließen, die in den angelsächsischen Ländern zusehends abgebaut wurde, während sie sich in Frankreich und den meisten anderen europäischen Ländern auf einem hohen Niveau gehalten hat (vgl. für einen französisch-US-amerikanischen Vergleich Cohen et al. [1996]). Man müsste also erklären, weshalb der Preis, den man für diese Beschäftigungsgarantie zahlen muss, zwischen 1970 und 1995 gestiegen ist, und diesen Preis mit dem unbestreitbar hohen Stellenwert vergleichen, den ihm die betroffenen Arbeitnehmer einräumen.

Die Dynamik der Kapitalverteilung

Die Ungleichheit zwischen Kapital und Arbeit verdient Aufmerksamkeit nicht allein, weil das Kapital einen erheblichen Teil des Gesamteinkommens für sich beansprucht. Noch bestürzender ist für den Beobachter, dass die Ungleichheit von Kapital und Arbeit sich über lange Zeiträume hinweg reproduziert, ja, mit der Zeit wächst. Mehr noch als die Tatsache, dass zu einem gegebenen Zeitpunkt das Kapital stets einen bedeutenden Einkommensanteil fordert, ist es dieser Fortbestand, der die Ungleichheit zwischen Kapital und Arbeit als willkürlich und unnütz erscheinen lässt, als etwas, das nicht nur ungerecht, sondern auch unwirtschaftlich ist, also unseren Sinn für ökonomische Effizienz ebenso verletzt wie unseren Sinn für soziale Gerechtigkeit. Weshalb sollen all die, die keine reichen Eltern haben oder nicht in reichen Ländern leben, der Möglichkeit beraubt sein, ihren Fähigkeiten entsprechend in diese Fähigkeiten zu investieren? Die Ungleichheit zwischen Arbeit und Kapital wirft, anders gesagt, unmittelbar die Frage nach der effizienten Umverteilung im Unterschied zur reinen Umverteilung auf. Wir müssen also von der makroökonomischen Untersuchung der Aufteilung des Gesamteinkommens zwischen den beiden Produktionsfaktoren Kapital und Arbeit zur Untersuchung der individuellen Einkommensverteilung übergehen. Welcher Dynamik gehorchen die Einkommen von Arbeitern und Kapitalisten? Welche Investitionsmöglichkeiten stehen ihnen offen? Trifft es zu, dass die Logik der Markwirtschaft zu einer ineffizienten Reproduktion, ja Steigerung der Ungleichverteilung von Kapital im Lauf der Zeit führt? Und mit welchen Mitteln lässt sich das verhindern?

Zur Theorie des vollkommenen Kreditmarkts und der Konvergenz. Einmal mehr haben wir es mit konkurrierenden Theorien zu tun. Die zentrale Frage ist die des Kreditmarkts. In einem vollkommenen Kreditmarkt müsste die anfängliche Ungleichverteilung des Kapitals sich schließlich auflösen, weil in ihm Kapital investiert würde, wann immer sich eine gewinnversprechende Investitionsmöglichkeit auftut. Ganz gleich, über welches Ausgangskapital Familie oder Herkunftsland verfügen, alle gleichermaßen unternehmerisch sinnvollen Arbeitseinheiten müssten dank des Kreditmarkts auch die gleichen Investitionen zur Folge haben. Die Ungleichheit des Startkapitals hätte also keinen Bestand. Gewiss, auch in einem perfekten Kreditmarkt muss, wer sich verschuldet, um zu investieren, seinen Kredit zurückzahlen und wird daher nicht ohne Weiteres genug sparen können, um es zu dem gleichen Wohlstand wie sein Gläubiger zu bringen. Tatsächlich kann diese Ungleichheit zwischen Schuldner und Gläubiger ad infinitum fortbestehen, wenn die Sparquote niedriger Einkommen signifikant schwächer ist als die Sparquote hoher Einkommen [Bourguignon, 1981]. Auf internationaler Ebene würde dem eine Situation entsprechen, in der zwar das BIP pro Kopf in allen Ländern gleich ist, weil in allen die gleiche Kapitalmenge pro Arbeiter investiert wird, das BNP aber in den armen Ländern niedriger liegt, da ihr Kapital den reichen Ländern gehört, denen sie Jahr für Jahr den Gewinnanteil ihres Inlandseinkommens überweisen müssen. Haben dagegen Schuldner und Gläubiger dieselbe Sparquote, oder ist die Differenz zwischen beiden nicht allzu gravierend, so werden die Schuldner mit der Zeit die Früchte ihrer Arbeit ernten können, zusehends weniger Schulden aufnehmen müssen und schließlich gegenüber ihren Gläubigern aufholen. Tatsächlich sind Sparquoten für niedrige Einkommen nicht prinzipiell niedriger als für hohe Einkommen. Für die asiatischen «Tiger» lagen sie in den 1950er- und 1960er-Jahren bei über 30%, während sie in den westlichen Ländern der 1980er- und 1990er-Jahre unter 10–15% lagen, obwohl diese sehr viel reicher als jene waren – und genau das ist der Grund dafür, dass sie zu den reichen Ländern aufschließen konnten [Young, 1995].

Diese langfristige Konvergenz zwischen Reichen und Armen ist die zentrale Vorhersage der traditionellen Theorie des Wachstums und der Kapitalakkumulation [Solow, 1956]. Was rechtfertigt aber die Voraussetzung dieses Resultats, nämlich die Annahme eines vollkommenen Kreditmarkts? Wenn man an die Kräfte des Marktes glaubt, ist die Antwort einfach: der Wettbewerb. Weshalb sollte auch eine Bank oder ein reicher Kapitalist jemandem einen Kredit verweigern, dessen Investitionsvorhaben eine schöne Rendite abzuwerfen verspricht? Wenn das Problem armer Länder darin besteht, dass ihnen Maschinen und Betriebsmittel fehlen, dann sollten Neuinvestitionen sie in die Lage versetzen, ihre Produktion ganz erheblich zu steigern. Was könnte reiche Länder also davon abhalten, mit ihren Ersparnissen in den Genuss einer solchen Rendite zu kommen? Und wenn der eine oder andere Investor zögerlich oder nervös ist, weshalb sollten andere sich das nicht zunutze machen und die Gelegenheit beim Schopf packen? Das Modell des vollkommenen Kreditmarktes beruht also darauf, dass Sparer und Anlageberater darin konkurrieren, die profitabelsten Investitionen zu finden und Unternehmer zu finanzieren, die solche Renditen in Aussicht stellen. Daraus folgt unmittelbar, dass sich die Umverteilung von denen, die am meisten Kapital besitzen, zu denen, die am wenigsten besitzen, ausschließlich aus Gründen der sozialen

Gerechtigkeit rechtfertigen lässt. Ein Problem der Unwirtschaftlichkeit, der ökonomischen Ineffizienz wirft die Ungleichverteilung von Kapital nicht auf, da der Markt für die im Sinne Paretos (siehe Einleitung) effiziente Investition verfügbaren Kapitals und eine effiziente Produktionsweise sorgt. Direkte Eingriffe in den Produktionsprozess sind daher nicht erforderlich.

Die Frage der Konvergenz zwischen reichen und armen Ländern. Zu besonders verblüffenden Vorhersagen führt das Konvergenzmodell auf internationaler Ebene. Wenn die Investitionskraft nicht von einem Land zum anderen systematisch variiert, werden wir, so die Prognose, einen globalen Aufholprozess erleben. Je ärmer die armen Länder anfangs sind, desto mehr Kapital sollte in diese Länder fließen und desto höher sollte also ihre Wachstumsrate sein – sodass die internationale Ungleichheit unweigerlich abnehmen und schließlich ganz verschwinden wird. Das ist die Theorie. Wie sieht es in der Praxis aus?

Das Verhältnis zwischen dem Pro-Kopf-Einkommen eines Landes um 1960 und seiner durchschnittlichen Wachstumsrate zwischen 1960 und 1990 scheint diese Vorhersage kaum zu bestätigen. Zwischen den beiden Variablen lässt sich keinerlei systematische Abhängigkeit ausmachen [Mankiw et al., 1992, S. 427]. Bestimmte asiatische Länder, die 1960 relativ arm waren, wie Taiwan, Südkorea oder Singapur haben in der Tat eine Wachstumsrate ihres Durchschnittseinkommens erlebt, die weit über der westlicher Länder lag. In anderen Ländern, die 1960 arm waren, wie die Länder des indischen Subkontinents oder das subsaharische Afrika, war dagegen das durchschnittliche Wachstum sehr schwach, ja negativ. Das Konvergenzmodell scheint den Aufholprozess zwischen den westlichen Ländern recht gut zu beschreiben, etwa die Weise, in der die westeuropäischen Länder nach dem Zweiten Weltkrieg zu den Vereinigten Staaten aufgeschlossen haben, aber auch die asiatischen Länder mit mittlerem Einkommen zu den westlichen Ländern. Das Verhältnis zwischen den reichen und den ärmsten Ländern lässt sich dagegen mit dem Konvergenzmodell ebenso wenig beschreiben wie das Verhältnis zwischen den reichen und den südamerikanischen Ländern mit mittlerem Einkommen. Im Gegenteil – die Einkommensabstände haben in diesen Fällen tendenziell zugenommen. Der gleiche Befund würde sich wahrscheinlich auch langfristig bewähren, wenn es zum Beispiel möglich wäre, die Einkommensabstände zwischen entwickelten und unterentwickelten Ländern seit dem 19. Jahrhundert korrekt zu messen [Morrisson, 1996, S. 181]. Tatsächlich sind nicht allein die massiven Investitionen der reichen in den armen Ländern ausgeblieben. Es ist sogar das Gegenteil eingetreten. Im Durchschnitt sind mehr Nettokapitalflüsse von den ärmsten zu den reichen Ländern zu beobachten [Lucas, 1990b]. Kapitalisten aus armen Ländern, heißt das, investieren mehr in reichen Ländern als umgekehrt.

Die Unvollkommenheit des Kreditmarkts ist nicht unbedingt der einzige Grund dafür, dass in die armen Länder, die arm geblieben sind, kein Kapital fließt. Berücksichtigt man etwa den «Anfangsbestand an Humankapital» von 1960 (der sich daran bemisst, wie viel Prozent der Bevölkerung alphabetisiert und zur Schule gegangen sind, studiert haben etc.), so fällt tatsächlich eine negative Korrelation zwischen dem Durchschnittseinkommen von 1960 und der durchschnittlichen Wachstumsrate zwischen 1960 und 1990 auf. Je größer der Anfangsbestand an Humankapital, desto stärker das Wachstum der Länder, die um 1960 zu den ärmsten zählten. Das ist es, was Verfechter der endogenen Wachstumstheorie als «bedingte Konvergenz» zwischen armen und reichen Ländern bezeichnen, zum Unterschied von der «unbedingten Konvergenz», die das traditionelle Modell von Solow vorhergesagt hatte [Mankiw et al., 1992]. Die südamerikanischen Länder zum Beispiel hatten zwar das gleiche Durchschnittseinkommen wie die angehenden asiatischen «Tigerstaaten», aber sie hatten einen sehr viel geringeren Anfangsbestand an Humankapital, weil weite Teile der Bevölkerung außen vor gelassen wurden, anders als in den asiatischen Ländern, in denen nie eine vergleichbare Ungleichheit geherrscht hatte. Entsprechend fiel auch das Wachstum in den südamerikanischen Ländern sehr viel geringer aus, während die Tigerstaaten gegenüber dem Westen aufgeholt haben. Und negative Auswirkungen auf künftiges Wachstum hat die Ungleichheit, sei es direkt, sei es indirekt, nicht allein dank des geringeren Humankapitals, sondern auch aufgrund der sozialen und politischen Instabilität, die mit ihr einhergeht [Benabou, 1996].

Die Erfahrung mit den Tigerstaaten lehrt auch, wie wichtig die Integration in den globalen Markt ist. Die Wunderformel, deren Variablen einerseits hohe und möglichst egalitäre Investitionen in Humankapital, andererseits wirtschaftliche Liberalisierung und Öffnung gegenüber externen Märkten sind, hat offenbar seit den 1980er- und 1990er-Jahren in den größeren asiatischen Ländern Wirkung gezeigt. Dass der positive Effekt der Liberalisierung in Indien sehr viel begrenzter war als in China, belegt die Schlüsselbedeutung jener erstgenannten Variable, ohne die eine Liberalisierung der Märkte kein nachhaltiges Wachstum zeitigen kann [Drèze und Sen, 1995]. Eine egalitäre Bildungspolitik ist zweifellos das fundamentalste Beispiel effizienter Umverteilung (siehe Kapitel 3).

Könnte man übrigens die Differenz zwischen dem Durchschnittseinkommen in den Vereinigten Staaten und Indien einzig und allein durch die unterschiedliche Ausstattung mit Maschinen und anderen Betriebsmitteln erklären, so müsste man daraus, wie Robert Lucas [1990b] gezeigt hat, den Schluss ziehen, dass die Grenzproduktivität einer in Indien investierten zusätzlichen Kapitaleinheit 58-mal so hoch ist wie die derselben Kapitaleinheit in den Vereinigten Staaten! Angesichts solcher Renditen ist kaum zu sehen, welche Unvollkommenheit des Kreditmarktes eine ausreichende Erklärung dafür bieten könnte, dass westliches Kapital nicht versucht, sich ein Stück von diesem Kuchen zu sichern. Man wird daher das Offenbare nicht leugnen können: Ein wesentlicher Teil der Ungleichheit zwischen reichen und armen Ländern und der Ungleichheit überhaupt ist nicht der Ungleichverteilung von Produktionsmitteln, sondern der Ungleichverteilung von Humankapital geschuldet. Die Tatsache, dass fast 50% der indischen Bevölkerung nicht lesen und schreiben können, wird die Rendite, die eine in Indien investierte zusätzliche Kapitaleinheit abwirft, ohne Zweifel deutlich schmälern [Drèze und Sen, 1995, Tabelle A1].

Das Problem der Unvollkommenheit des Kapitalmarktes. Aus der Einsicht, dass auch andere Faktoren eine Rolle spielen, folgt nicht schon, Kapitalflüsse zwischen reichen und armen Ländern seien unwichtig. Im Übrigen ruft uns das Fehlen massiver Investitionsströme von den reichen zu den armen Ländern auch die chronische Schwäche internationaler Kapitalflüsse im Allgemeinen in Erinnerung. So ist etwa in den westlichen Ländern die jährlich verfügbare Summe nationaler Ersparnis eng an die Summe nationaler Investitionen gekoppelt – sehr viel enger, als es die Integration der Finanzmärkte zwischen diesen Ländern vermuten ließe, die prinzipiell eine weitreichende Entkopplung von nationaler Ersparnis und nationaler Investition zuließe.

Anders, als es das Modell des perfekten Kreditmarktes stillschweigend voraussetzt, besteht eine Kreditvergabe nicht einfach darin, Kapital anzulegen, wo keines ist, die Rendite abzuwarten und einen angemessenen Teil davon einzubehalten. In der Praxis muss der Kreditgeber oder Investor sich vergewissern, dass Gewinnaussichten und Risiken des Investitionsvorhabens annehmbar sind – was der Kreditnehmer natürlich stets behaupten wird. Er muss weiterhin sicherstellen, dass für den Kreditnehmer der Anreiz groß genug bleibt, über einen langen Zeitraum zu tun, was zu tun ist, um die Investition zum Erfolg zu führen, obwohl der Kreditgeber einen bedeutenden Teil der Gewinne einbehalten wird. Und er muss schließlich dafür sorgen, dass der Kreditnehmer sich im Erfolgsfall nicht mit den Gewinnen aus dem Staub macht. Investieren bringt also eine Reihe von Problemen mit sich, die Ökonomen auf Begriffe wie «adverse Selektion» oder «Antiselektion», und «moralisches Risiko» gebracht haben – wir kommen darauf zurück. Solche Probleme tauchen unweigerlich auf, sobald man es mit einem «intertemporalen» Markt zu tun hat und daher mit einem Tausch, bei dem Leistung und Gegenleistung zu verschiedenen Zeitpunkten stattfinden, die weit auseinanderliegen können. Kreditmärkte zählen zu den intertemporalen Märkten, auf die wir in unserer Analyse der Sozialversicherung zurückkommen werden (Kapitel 4). Besonders gravierend sind diese Probleme im Fall internationaler Märkte, da die Qualität der Informationen über potenzielle Kreditnehmer und Investitionsvorhaben in anderen Ländern besonders schlecht ist. Das erklärt, warum die internationalen Kapitalströme so schwach ausfallen.

Ist Wettbewerb die unbedenklichste Weise, mit diesen Informationsdefiziten umzugehen? Vom Kreditnehmer zu verlangen, dass er eine Kaution hinterlegt oder, was auf dasselbe hinausläuft, einen Teil der Investition durch Eigenkapital aufbringt, um so dem Kreditgeber ein glaubwürdiges Unterpfand der Tragfähigkeit des Investitionsvorhabens zu geben, ist auch schon alles, was Kreditgeber in der Praxis tun können. Das ist der Grund dafür, dass der Kredit, der privaten Kreditnehmern oder Unternehmen gewährt wird, umso größer ist, je mehr Eigenkapital sie aufbringen. *On ne prête qu'aux riches*, sagt das französische Sprichwort: Wer nichts hat, dem wird auch nichts geliehen. So effizient dieser Mechanismus aus der Perspektive des Kreditgebers ist, so ineffizient ist er für die Gesellschaft insgesamt. Das Gesamteinkommen ließe sich erhöhen, würde Kapital so umverteilt, dass alle rentablen Investitionen auch getätigt werden können. Die Unvollkommenheit des Kreditmarktes ist das paradigmatische Beispiel einer Marktunvollkommenheit, die eine Umverteilung aus Gründen der ökonomischen Effizienz und nicht bloß der sozialen Gerechtigkeit rechtfertigt. In solchen Fällen ist grundsätzlich eine effizientere Ressourcenallokation möglich, die zugleich eine gerechtere Verteilung ist (siehe Einleitung).

Kritischen Beobachtern des Kapitalismus, angefangen mit den Sozialisten des 19. Jahrhunderts, stand dieses Problem der Kreditrationierung lange schon vor Augen, auch wenn es ihnen so selbstverständlich schien, dass sie es oft nicht für nötig befunden haben, es zu analysieren oder auch nur beim Namen zu nennen. Erst seit den 1970er- und 1980er-Jahren hat die Wirtschaftstheorie begonnen, die Grundlagen dieser Unvollkommenheit des Kapitalmarkts und ihre Folgen für die Umverteilung ausdrücklich zu erforschen [Piketty, 1994, S. 774–779]. Diese Folgen beschränken sich nicht darauf, eine Umverteilung zu verhindern, die zu einem höheren Gesamteinkommen führen könnte. Sobald es Kreditrationierung gibt, hängt es zum Beispiel davon ab, wie reich jemand von Haus aus ist, für welche

Berufstätigkeit er sich entscheidet. Eine Umverteilung des Wohlstands kann also langfristige Auswirkungen auf die Beschäftigungsstruktur und die wirtschaftliche Entwicklung haben, wie es das Beispiel der relativ egalitären Verteilung im Gefolge der Französischen Revolution im Unterschied zu der weniger egalitären Verteilung in Großbritannien zur Zeit der Industriellen Revolution belegt [Banerjee und Newman, 1993].

Mögliche staatliche Eingriffe. Welche Art staatlicher Eingriffe könnte dazu beitragen, die Kreditrationierung und den Fortbestand der Kapital-Arbeit-Ungleichheit, den sie befördern kann, wirkungsvoll zu bekämpfen? Das Hauptproblem, mit dem mögliche staatliche Eingriffe es zu tun bekommen, ist dasselbe, aus dem die Kreditrationierung selber hervorgeht. Investieren heißt nicht einfach, Kapital anzulegen, wo keines ist. Es erfordert auch komplexe Entscheidungen darüber, in welche Wirtschaftszweige man investieren, welche Güter man produzieren und wem man die Befugnis einräumen soll, diese Entscheidungen zu treffen. In aller Deutlichkeit treten diese Probleme an der radikalen Lösung hervor, die darin besteht, privaten Kapitalbesitz abzuschaffen und das Kollektiveigentum an den Produktionsmitteln auszurufen, ohne irgendeinen Mechanismus einzuführen, der jene Anreiz- und Allokationsprobleme regelt. Aber auch andere Verteilungsinstrumente, die historisch erprobt wurden, wie Staatsbanken, subventionierte Kredite oder, im Fall der armen Länder, Förderbanken hatten mit ähnlichen Schwierigkeiten zu kämpfen. Die Theorie der Kreditrationierung lehrt uns, dass es für eine Staatsbank nicht leichter als für eine Privatbank ist, in Erfahrung zu bringen, ob ihr Kapital richtig angelegt ist, wenn von den Gewinnen eine dem Marktzins entsprechende Summe einbehalten werden soll. Oft geht es auch darum, dem Kreditnehmer ein Geschenk zu machen, indem man weniger als den Marktzins einbehält, wie es im Fall von Staatsbanken und anderen Formen der Vergabe subventionierter Kredite häufig stillschweigend geschieht. Aber dann ist nicht ausgemacht, ob eine öffentliche Verwaltung, wie gut ihre Absichten auch sein mögen, die richtigen Entscheidungen darüber zu treffen vermag, welche Kreditnehmer man begünstigen und in welchen Sektoren man zusätzliche Investitionen tätigen soll. Diese ganz handfesten Schwierigkeiten tauchen denn auch jedes Mal auf, wenn ein reiches Land Reichtum in ein armes Land transferieren will. Wem soll die internationale Hilfe zugutekommen? Wie lässt sich sicherstellen, dass sie auch für den vorgesehenen Zweck verwendet wird? Die Umverteilung von Kapital kann nicht darin bestehen, von einem Helikopter aus Kapital abzuwerfen, wo keines ist. Um der Ungleichheit der Kapitalausstattung zu begegnen, ist es praktisch sehr viel einfacher, Arbeitskraft dorthin zu bringen, wo es mehr Kapital gibt, als Kapital in die ärmsten Länder zu transferieren. Anders als Kapital kann Arbeitskraft sich selber in den Produktionsprozess integrieren.

Tatsächlich waren Experimente mit Staatskrediten selten von Erfolg gekrönt. Die meisten Förderbanken haben sich als Fass ohne Boden erwiesen, ohne dass die erkennbaren Auswirkungen auf die Investition oder Produktion wirklich überzeugen konnten. In den westlichen Ländern stoßen subventionierte Darlehen und staatliche Kredite auf weitverbreitete Skepsis, zumindest seit den 1980er-Jahren.

Der einzige Bereich, in dem die direkte Umverteilung von Kapital greifbare Erfolge vorweisen kann, ist die Landwirtschaft. Bestimmte Entwicklungsbanken wie die Grameen Bank in Bangladesh haben sich darauf spezialisiert, Kredite an arme ländliche Haushalte zu vergeben, die vom traditionellen Bankenwesen als nicht kreditwürdig behandelt wurden. Das hat es mehreren Millionen Bauern ermöglicht, durch Anschaffung von Betriebsmitteln ihre Produktivität seit den 1960er-Jahren zu steigern, und ähnliche Versuche auf der ganzen Welt inspiriert. Agrarreformen, die auf Bodenumverteilungen oder zumindest darauf zielten, die Pachtverträge armer Bauern zu sichern, haben häufig bedeutende Produktivitätssteigerungen ermöglicht, wie zum Beispiel in Benghali [Banerjee und Gathak, 1995].

Diese starken Produktionssteigerungen zeigen, wie gravierend die Unvollkommenheit des Kapitalmarktes ist. Ein vollkommener Kreditmarkt hätte den Bauern Kredit geben müssen, damit sie Landbesitzer werden und entsprechende Produktionssteigerungen erzielen können. Das Problem liegt offenbar darin, dass diese Zuwächse sich nicht hätten erzielen lassen, wenn die Motivation der Bauern dadurch gedämpft worden wäre, dass sie einen Kredit hätten abzahlen müssen. Nur die Umverteilung konnte diesen Motivationsschub und mit ihm den Produktionsanstieg hervorrufen. Diese erfolgreichen Experimente sollten auch mit der desaströsen Bilanz der Kollektivierung des Bodens in der Sowjetunion verglichen werden. Es ist relativ leicht, zu erklären, weshalb Umverteilung privaten Kapitals in der Landwirtschaft gut funktioniert hat. Die schwierigen Probleme der Investitionsallokation sind in diesem Sektor auf ein Minimum reduziert. Es genügt, jedem Bauern ein angemessenes Stück Land zuzuteilen, damit er produktiver und innovationsfreudiger ist, als er es wäre, wenn er unter Aufsicht eines Landbesitzers oder eines landwirtschaftlichen Kollektivbetriebs stünde.

Eine flat tax auf Kapital? Um Kapital trotz bestehender Kreditrationierung effizient zu verteilen, müssen also möglichst transparente und weitreichende Instrumente gefunden werden, mit denen man den Fallstricken des Staatskredits entkommt. Historisch betrachtet hat die Einführung einer progressiven Einkommen- und Erbschaftsteuer einen gewichtigen Beitrag zum Abbau von Kapitalkonzentration geleistet (siehe Kapitel 1). Darüber hinaus könnte man die Einführung einer allgemeinen Vermögensteuer zur Finanzierung eines pauschalen Vermögenstransfers in Betracht ziehen. Mit dem Eintritt ins Erwachsenenalter würden alle Bürger eine Investitionssumme zu ihrer freien Verfügung erhalten, die sie auf das verwenden könnten, was ihnen profitabel scheint. Natürlich wäre eine solche permanente Umverteilung von Reichtum mit Kosten verbunden, da sie unvermeidlich das Streben nach künftiger Vermögensakkumulation entmutigen würde. Aber diese Kosten müssen mit dem Nutzen einer Finanzierung rentabler Investitionsvorhaben verglichen werden, die sich ohne diese Umverteilung nicht verwirklichen ließen. Das traditionelle Argument, demzufolge die Kosten, die bei einer Kapitalsteuer in Form eines langfristigen Rückgangs der Kapitalakkumulation anfallen, ihren Nutzen am Ende stets überwiegen, greift nicht mehr automatisch, sobald der Kapitalmarkt unvollkommen ist [Chamley, 1996]. Alles hängt also vom Umfang der rentablen Investitionen ab, die aufgrund dieser Unvollkommenheit nicht finanziert werden. Sollten alle Vermögen mit einem Satz von 1 % besteuert werden? Oder 5 %? Oder nur 0,1 %? Um in dieser Frage weiterzukommen, bräuchte man verlässliche Schätzungen des Umfangs nicht finanzierter rentabler Investitionen, die sich nur schwer beibringen lassen. Zudem hat das Bürgerkriegsklima zwischen Anhängern der Lehre vom vollkommenen Markt, für die eine Ungleichverteilung des Kapitals keinerlei Effizienzprobleme aufwirft, und radikalen Kapitalismuskritikern, für die allein die Abschaffung des Privateigentums das Problem aus der Welt schaffen kann, den Erkenntnisfortschritt in dieser doch zentralen Frage nicht eben vorangetrieben.

Zusammenfassend lässt sich festhalten, dass es nicht an Rechtfertigungen für eine fiskalische Umverteilung von Kapital und Kapitaleinkommen fehlt – sei es aus Gründen der sozialen Gerechtigkeit, um jenseits der Fiktion der Arbeitgeberbeiträge eine wirkliche Umverteilung von Kapital zu Arbeit zu erreichen, sei es aus Gründen der ökonomischen Effizienz, um den negativen Effekten der Unvollkommenheit des Kapitalmarkts Einhalt zu gebieten. Die Erfolgsbilanz der Umverteilung von Kapital zu Arbeit war nicht nur in den Ländern desaströs, die das Privateigentum an Kapital abzuschaffen versucht haben und in denen der Lebensstandard sank, während er in den kapitalistischen Ländern rasch wuchs. Die Bilanz war desaströs auch in den westlichen Ländern, in denen das Kapital, wie wir gesehen haben, nur einen extrem geringen Teil der Steuerlast trägt. Und diese desaströse Bilanz zeigt, wie wichtig die Frage nach den Instrumenten der Umverteilung ist. Der Wille zur Umverteilung reicht nicht aus. Man muss auch wissen, was die richtigen Instrumente sind. Nicht nur die historischen Erfahrungen, sondern auch die objektiven Schwierigkeiten, die angesichts ihrer hohen Mobilität und der Vielfalt von Investitionsformen einer Ermittlung von Kapitaleinkommen entgegenstehen, legen den Gedanken nahe, dass eine spürbare Verbesserung durch eine Steuer erreicht werden könnte, die so einfach wie möglich ist, um der dramatischen Abwanderung von steuerpflichtigem Kapital und Kapitaleinkommen, die wir praktisch beobachten, ein Ende zu bereiten. Eine solche Steuer müsste in einem möglichst umfassenden geografischen Maßstab auf alle Kapitaleinkünfte angewandt werden, um den negativen Auswirkungen des Steuerwettbewerbs zu begegnen. Dieses Instrument, eine *flat tax* (eine allgemeine Steuer mit einheitlichem Steuersatz) eignet sich zweifellos nicht für die fiskalische Umverteilung von Arbeitseinkommen, die eine größere Flexibilität erfordert (siehe Kapitel 4), aber sie könnte unter den heutigen Bedingungen ein geeignetes Mittel zur Besteuerung von Kapitaleinkommen sein.

Die jüngere Entwicklung der Vermögensverteilung, in der zwischen 1987 und 2013 die großen Vermögen mehr als drei Mal schneller gewachsen sind als das Durchschnittsvermögen (6–7 % gegenüber 1,5–2 % pro Jahr), gibt freilich einen Hinweis darauf, dass nur eine progressive Kapitalsteuer in der Lage wäre, diese Dynamik wachsender Ungleichheit in den Griff zu bekommen und zugleich für größere demokratische und statistische Transparenz hinsichtlich dieser Entwicklungen zu sorgen (Piketty, 2013, Kapitel 12). In die gleiche Richtung weisen auch neuere Untersuchungen, die dem wachsenden Gewicht der Vermögen insgesamt im Verhältnis zu den Arbeitseinkommen und der Entstehung einer neuen Form der «Patrimonialgesellschaft» gewidmet sind (Piketty, 2011; Piketty und Saez, 2013; Piketty und Zucman, 2014).

3. Ungleichheit der Arbeitseinkommen

Die Vorstellung, Kapitaleinkommen seien höchst ungleich verteilt, während dies bei Arbeitseinkommen nicht gelte, hat die Analyse der Ungleichheit stark geprägt. Aber tatsächlich geht die Einkommensungleichheit heute, ja zweifellos schon seit sehr langer Zeit, in erster Linie auf die Ungleichheit der Arbeitseinkommen selber zurück. So verdankt sich zum Beispiel die seit den 1970er-Jahren feststellbare Umkehrung der Kuznets-Kurve der wachsenden Ungleichheit der Arbeitseinkommen. Insbesondere in den Vereinigten Staaten hat der Lohnabstand zwischen den am schlechtesten bezahlten 10% und den bestbezahlten 10% um fast 50% zugenommen. Die Ungleichheit, die es heute gibt, und die Umverteilung, die es geben könnte, wird man erst verstehen können, wenn man sich von der Vorstellung einer Welt verabschiedet, in der die Arbeitseinkommen relativ homogen sind und Ungleichheit vor allem zwischen Kapital und Arbeit besteht. Wir werden stattdessen untersuchen müssen, wie es zur Ungleichheit der Arbeitseinkommen selber kommt – und wie die Umverteilungsinstrumente aussehen könnten, mit denen diese Ungleichheit sich bekämpfen lässt. Es geht jetzt nicht mehr um die Frage, ob man das private Kapitaleigentum abschaffen, Gewinne besteuern oder Vermögen umverteilen sollte. Die Instrumente gegen die Ungleichheit der Arbeitseinkommen tragen andere Namen: Besteuerung von Spitzengehältern, Transferleistungen für Niedriglöhne, Erziehungs- und Bildungspolitik, Mindestlohn, Kampf gegen Benachteiligung durch Arbeitgeber, Lohnskalen, Stärkung der Gewerkschaften, etc. Lassen sich bestimmte dieser Instrumente eher rechtfertigen als andere? Welche Argumente gibt es jeweils für oder gegen einzelne dieser Instrumente, oder gar gegen alle? Und wie sind diese Argumente zu bewerten?

Lohnungleichheit und Ungleichverteilung von Humankapital

Die einfachste Erklärung für Lohnungleichheit lautet, dass unterschiedliche Beschäftigte einen unterschiedlichen Beitrag zur Produktion eines Unternehmens leisten: Der Informatiker, der ein Programm schreibt, mit dem das Unternehmen alle Kundendateien digitalisieren und schneller auf sie zugreifen kann, bringt seinem Arbeitgeber mehr Geld ein als der Büroangestellte, der in der Folge eine bestimmte Anzahl Dateien anlegt. Darum überweist die Firma dem Informatiker, den ihr andere Firmen sonst abwerben könnten, ein höheres Gehalt. Die Theorie des Humankapitals, mit der wir es hier zu tun haben, ist lange auf Feindseligkeit gestoßen. Wer behauptet, das Gehalt des Informatikers sei höher als das des Büroangestellten, weil er mehr Humankapital und damit mehr Produktivität beisteuert, gerät leicht in den Verdacht, er wolle mit dieser Ungleichverteilung von Humankapital zugleich eine unverrückbare Ungleichheit zweier menschlicher Wesen behaupten oder gar die beträchtliche Differenz ihres jeweiligen Lebensstandards gutheißen. Dieser Verdacht ist übrigens nicht völlig aus der Luft gegriffen. Gary Becker und seine Kollegen an der Universität von Chicago, die diese Theorie entwickelt und bekannt gemacht haben [Becker, 1964], waren für ihren Ultra-Liberalismus bekannt. Tatsächlich begnügen sich diese Ökonomen nicht damit, Lohnungleichheit durch die Ungleichheit individueller Produktivität zu erklären. Die von ihnen vorgeschlagene Theorie des Ursprungs und der Bildung von Humankapital läuft vor allem darauf hinaus, jede anspruchsvolle Form staatlicher Intervention abzulehnen.

Es ist hilfreich, diese beiden Fragen gesondert zu behandeln, um mit der eingangs getroffenen Unterscheidung eine reine Umverteilung in Gestalt des Transfers von hohen zu niedrigen Löhnen von einer effizienten Umverteilung zu unterscheiden, die in den Prozess der Bildung von Humankapital selber eingreift. Wir nehmen also zunächst Ungleichverteilung des Humankapitals als gegeben an. Bietet die Zurückführung von Lohnungleichheit auf die schiere Ungleichheit der Produktivität eine zureichende Erklärung für real existierende Lohnungleichheiten? Verrät diese Theorie uns etwas über die effizienteste Weise, etwas gegen die Ungleichheit der Lebensstandards zu tun, die mit der Lohnungleichheit einhergeht? Im Anschluss konzentrieren wir uns auf die Frage der Bildung von Humankapital. Woher rührt die Ungleichverteilung des Humankapitals? Gibt es Instrumente seiner effizienten Umverteilung?

Das Erklärungspotenzial der Theorie des Humankapitals. In ihrer rudimentärsten Form fragt die Theorie des Humankapitals nicht nach dem Ursprung dieser Ungleichverteilung, sondern behauptet nur, Arbeit sei keine einheitliche Größe. Individuen verfügen aus allen erdenklichen Gründen über mehr oder weniger Humankapital, das heißt unterschiedliche Fähigkeiten, zur Produktion der von Verbrauchern nachgefragten Güter beizutragen. Nimmt man diese Aufteilung der Bevölkerung nach verschiedenen Humankapitalniveaus (Arbeitsangebot) und die Nachfrage nach verschiedenen Arten von Gütern und dem Humankapital, das sie produzieren kann (Arbeitsnachfrage), als gegeben an, so bestimmt das Spiel von Angebot und Nachfrage, welche Löhne mit den verschiedenen Humankapitalniveaus verbunden sind, und damit auch die Lohnungleichheit. Der Begriff des Humankapitals ist also sehr weit gefasst, da er Qualifikationen im engeren Sinne (Abschlüsse ...) ebenso einschließt wie Berufserfahrung sowie alle individuellen Charakteristika, die maßgeblich für die Fähigkeit sind, sich in den Prozess der Produktion von Gütern und Dienstleistungen zu integrieren. Vermag diese Theorie, die Ungleichheit der Arbeitseinkommen zu erklären, die von den Unternehmen tatsächlich gezahlt werden?

Die großen historischen Ungleichheiten. In dieser Allgemeinheit genommen, scheint die Theorie des Humankapitals unerlässlich, um die massiven Lohnabstände zwischen verschiedenen Epochen und Regionen zu erklären. Dass 1990 der Durchschnittslohn zehnmal höher ist, als er es 1870 war, lässt sich nur dadurch erklären, dass Arbeiter durch höhere Qualifikation und verbesserte Arbeitsabläufe in der Lage sind, zehnmal mehr zu produzieren als 1870. Welche andere Erklärung könnte es auch geben? Der Anteil der Löhne an der Wertschöpfung der Unternehmen war, wie wir gesehen haben, 1990 und 1870 derselbe. Langfristig betrachtet, kann daher der Lohnanstieg nicht Konsequenz eines schrumpfenden Anteils der Gewinne sein (siehe Kapitel 2). Die deutliche Erhöhung der Kaufkraft der Arbeitnehmer kann langfristig nur auf die Produktivitätssteigerung der Arbeit zurückgehen.

Entsprechend hatte sich gezeigt, dass der Qualifikationsunterschied zwischen entwickelten Ländern, in denen die überwältigende Mehrheit eine weiterführende Schulbildung genossen hat, und unterentwickelten Ländern, in denen mehr als 50% noch nicht alphabetisiert sind (siehe Kapitel 2), fraglos einer der Hauptgründe dafür ist, dass die durchschnittliche Kaufkraft in diesen zehnmal geringer ist als in jenen. Andere Faktoren wie die Unvollkommenheit des Kreditmarktes, die Arbeiter in unterentwickelten Ländern ausreichender Investitionsmöglichkeiten beraubt, oder die Schließung der Grenzen, die es ihnen verwehrt, vom Sach- und Humankapital der Industriestaaten zu profitieren, tun ein Übriges, um diese Ungleichheit weiter zu verschärfen – aber die beträchtliche Ungleichheit der Arbeitsproduktivität ist zweifellos der Hauptgrund für die Lohnungleichheit zwischen Norden und Süden.

Angebot und Nachfrage. Die Theorie des Humankapitals ist auch unverzichtbar, um kurzfristigere, weniger massive, aber doch bemerkenswerte Ungleichheiten zu erklären, die innerhalb einzelner Länder auftreten. So lag das Verhältnis des Durchschnittslohns qualifizierter zu dem unqualifizierter Arbeiter in Großbritannien 1815 bei 2,4%, um bis 1851 kontinuierlich auf 3,8% zu steigen und bis 1911 wieder kontinuierlich auf 2,5% zu fallen [Williamson, 1985]. Wie kommt es, dass dieser Abstand Mitte des 19. Jahrhunderts um fast 60% größer ist als an seinem Anfang und Ende? Die überzeugendste und auch von anderen Quellen bestätigte Antwort lautet, dass in der ersten Hälfte des 19. Jahrhunderts die fortschreitende Mechanisierung der Industrie zu einer erheblich gestiegenen Nachfrage nach qualifizierter Arbeit führte, während gleichzeitig eine sehr starke Landflucht im Zuge wachsender landwirtschaftlicher Produktivität das Angebot an unqualifizierter Arbeit rasch in die Höhe trieb. In der zweiten Phase stabilisierte sich das Angebot an unqualifizierter Arbeit, die Zahl qualifizierter Arbeiter nahm durch bessere Ausbildung stark zu, und der Lohnabstand zwischen qualifizierten und unqualifizierten Arbeitern ging langsam zurück.

In den Vereinigten Staaten war zu beobachten, und auch das gehorcht dem Spiel von Angebot und Nachfrage, dass sich der Abstand zwischen dem Durchschnittsgehalt der Arbeitnehmer mit einem *high school*-Abschluss und dem Durchschnittsgehalt derer, die nach der *high school* noch ein Studium absolviert hatten, zwischen 1970 und 1980 um etwa 15 % verringerte, bevor er zwischen 1980 und 1990 um mehr als 25 % wuchs [Murphy und Welch, 1993, S. 106]. Die Verringerung dieses Abstands in den 1970er-Jahren ist umso verblüffender, als sie in einem Kontext allgemeiner Verschärfung von Lohnungleichheiten stattfand. Tatsächlich hatte aber die Zunahme von Arbeitnehmern, die nach der *high school* noch ein Studium abgeschlossen hatten, ihren historischen Höchststand in den 1970er-Jahren erreicht, in denen die Generation der Baby-Boomer ihre Ausbildung beendete, während ihre Zahl in den 1980er-Jahren merklich zurückging.

Zwei Beispiele, die bedeutsam sind, da eine Umkehrung von Lohnungleichheiten in dieser Größenordnung selten zu beobachten ist. In beiden Fällen sind es Schwankungen von Angebot und Nachfrage verschiedener Humankapitalniveaus, die eine relativ überzeugende Erklärung für die beobachteten Veränderungen der Lohnungleichheit von Arbeitseinkommen bieten.

Der Anstieg der Lohnungleichheiten seit 1970. Bietet das Spiel von Angebot und Nachfrage verschiedener Humankapitalniveaus auch eine zureichende Erklärung für den Anstieg der Lohnungleichheit und anderer Formen der Beschäftigungsungleichheit, der in einer Reihe von westlichen Ländern seit 1970 zu beobachten ist (siehe Kapitel 1)? Viele Ökonomen haben diesen plötzlichen Anstieg auf langfristige Veränderungen von Angebot und Nachfrage von Humankapital zurückgeführt. Nach einer ersten Phase zunehmender Lohnungleichheit im Zuge der ersten Industriellen Revolution und des wachsenden Bedarfs an qualifizierter Arbeit bei gleichzeitig wachsendem Zustrom unqualifizierter Arbeitskräfte aus ländlichen Gegenden, haben die Lohnungleichheiten in allen entwickelten Ländern seit dem Ende des 19. Jahrhunderts bis in die 1970er-Jahre abgenommen. Diese Phase des Rückgangs von Lohnungleichheit hat mit einem nachhaltigen Abbau von Qualifikationsunterschieden, der auf den raschen Fortschritt der Bildung und

Ausbildung immer breiterer Bevölkerungsschichten zurückgeht, und mit dem gestiegenen Bedarf der Industrie an mittelqualifizierten Arbeitskräften zu tun. Seit dieser Bedarf mit der beginnenden Deindustrialisierung zurückging, in den Vereinigten Staaten also seit dem Ende der 1960er-Jahre, sind wir offenbar in eine neue Phase eingetreten, in der neue Wirtschaftszweige (Unternehmensdienstleistungen, Informatik, Kommunikation ...) immer höhere Qualifikationen honorieren, während ein großer Teil der Bevölkerung, der diese Qualifikationen weder durch das Bildungssystem noch durch persönliche Erfahrung erwerben konnte, zusehends in Sektoren mit niedriger Produktivität (persönliche Dienstleistungen, Gaststättengewerbe, Einzelhandel ...) oder aber in Arbeitslosigkeit und Unterbeschäftigung abrutscht. In der Extremversion dieser Theorie lautet das Argument nicht nur, die Ungleichheit sei gewachsen, weil das Bildungssystem und das Angebot an Humankapital eine durch neue Technologien entstandene Nachfrage nicht schnell genug befriedigen konnten – wie es bereits in der ersten Hälfte des 19. Jahrhunderts geschehen war. Es lautet vielmehr, allgemeiner, dass der technische Fortschritt zur Aufwertung individueller Qualitäten führe, die immer schon ungleich verteilt gewesen, in den routinisierteren Abläufen traditioneller Technologien aber nicht zutage getreten seien. Das ist die Hypothese eines *skill-biased technological change*, eines technologischen Wandels zugunsten Qualifizierter, also des «Talents» in all seinen Formen [Juhn et al., 1993].

Technologiewandel zugunsten Qualifizierter? Auf den ersten Blick scheint diese Theorie der langfristigen Entwicklung der Lohnungleichheit in den westlichen Ländern recht plausibel, zumindest in ihren weniger extremen Spielarten. In den Vereinigten Staaten, in denen sich solche Veränderungen im Allgemeinen zuerst bemerkbar machen, findet man durchaus eine Zunahme der Lohnungleichheit in Abhängigkeit vom Qualifikationsniveau. Seit 1980 haben die Auswirkungen, die ein zusätzliches Studienjahr, ein höherer Abschluss oder größere Berufserfahrung auf das Durchschnittsgehalt haben, spürbar zugenommen. In der Sprache der Arbeitsökonomen: Die «Bildungsrendite» ist gestiegen [Juhn et al., 1993].

Das Problem ist nur, dass ein großer Teil, nämlich etwa 60% des Anstiegs der Lohnungleichheit, innerhalb von Arbeitnehmergruppen anfällt, in denen alle die gleichen Merkmale aufweisen, also dasselbe Ausbildungsniveau, dieselbe Berufserfahrung, dasselbe Alter haben [Juhn et al., 1993, S. 431]. Diese seit 1970 wachsende Ungleichheit innerhalb homogener Arbeitnehmerpopulationen ist übrigens auch dafür verantwortlich, dass in den Vereinigten Staaten die Lohnungleichheit überhaupt, wie sie etwa vom P90/P10-Verhältnis gemessen wird, seit 1970 kontinuierlich zunimmt (siehe Kapitel 1), obwohl die «Bildungsrendite» während der 1970er-Jahre gesunken ist. Entsprechend sind zwar in allen westlichen Ländern vornehmlich gering qualifizierte Arbeitnehmer von steigender Arbeitslosigkeit und Unterbeschäftigung betroffen. Aber die Beschäftigungsungleichheit überhaupt hat auch innerhalb von Arbeitnehmerpopulationen mit gleichem Qualifikationsniveau zugelegt – hoch Qualifizierte eingeschlossen. Der Theorie des *skill-biased technological change* zufolge hätte man zudem annehmen müssen, gering Qualifizierte seien vor allem in den Ländern von Arbeitslosigkeit betroffen, in denen die Lohnungleichheit nicht oder nur wenig gewachsen ist, wie in Frankreich – verglichen mit den Ländern, wo das Auseinanderdriften der Produktivität durch das der Löhne kompensiert wurde. Aber sosehr es zutrifft, dass die Arbeitslosenquote unter gering Qualifizierten in Frankreich sehr viel höher ist als in den Vereinigten Staaten – von der Arbeitslosenquote unter Fachkräften gilt dasselbe, und zwar fast im selben Umfang [Card et al., 1996].

Man darf freilich nicht unterschätzen, wie dürftig die individuellen Kennzeichen sind, die in Lohnerhebungen auftauchen und bei denen es sich doch um die einzigen Variablen handelt, anhand derer Ökonomen Qualifikationen objektiv messen können. Die Bedeutung der verfügbaren Indikatoren schwankt von Land zu Land so sehr, dass jeder internationale Vergleich, der sich auf diese Daten stützt, außerordentlich heikel ist. Zum Beispiel hatten 1990 weniger als 25% der erwerbstätigen französischen Bevölkerung einen Abschluss, der mindestens dem *baccalauréat* oder dem Abitur entspricht, während über 85% der erwerbstätigen US-amerikanischen Bevölkerung über einen entsprechenden Abschluss verfügten (*high school*-Abschluss oder Hochschulstudium) [Lefranc, 1997, Abbildung 1]. Die gering qualifizierten US-Amerikaner, die in solchen Vergleichen auftauchen, sind folglich eine sehr viel enger umschriebene Gruppe als die gering qualifizierten Franzosen. Und die Realität ist zweifellos facettenreicher, als unsere dürftigen statistischen Indikatoren das nahelegen. Dass US-amerikanische *high schools* und französische *lycées* nicht dieselbe Qualität haben, ist hinlänglich bekannt.

Die Unzulänglichkeit der verfügbaren Schätzungen beeinträchtigt nicht nur internationale Vergleiche, sondern auch Untersuchungen historischer Entwicklungen in einzelnen Ländern. Für gewöhnlich berücksichtigen die Erhebungen zum Beispiel nur die Gesamtzahl der Studienjahre, nicht das Niveau der Universität oder die genaue Art des Abschlusses. Solche Informationen hat aber jeder Arbeitgeber, der zwischen ganz unterschiedlichen Ausbildungsniveaus auch dann zu unterscheiden wissen wird, wenn ihnen die gleiche Zahl von Studienjahren entspricht. Zudem gibt die Art des erworbenen Abschlusses nicht nur über Studiendauer und Qualifikation Auskunft. Sie kann auch als «Signal» [Spence, 1974] für andere Fähigkeiten des Bewerbers wie Motivation oder Arbeitsfähigkeit genutzt werden. Der Ökonom, der nur die Studiendauer berücksichtigt, kann also gar nicht messen, was für den Arbeitgeber wirklich zählt. Das gehört zu den traditionellen Unzulänglichkeiten des Versuchs, Lohnungleichheit durch messbare individuelle Merkmale zu erklären: Ein erheblicher Teil der Gesamtungleichheit bleibt unerklärlich. Es ist daher eine plausible Annahme, dass die tatsächliche Ungleichverteilung des Humankapitals in Gruppen mit gleichen beobachtbaren Merkmalen seit 1970 gewachsen ist, weil Abschlüsse mit identischer Studiendauer für ganz unterschiedliche Qualifikationen stehen.

Eine solche Deutung der verfügbaren Daten, wie sie von Vertretern der Theorie vom Technologiewandel zugunsten Qualifizierter vorgetragen wird, zeigt freilich auch, dass eine so weit gefasste Theorie des Humankapitals völlig tautologisch zu werden droht. Keine Veränderung der Lohnungleichheit, die sich nicht unter Berufung auf Produktivitätsschwankungen erklären ließe, denen individuelle Merkmalen zugrunde liegen, die dem externen Beobachter verschlossen bleiben... Die Theorie des Humankapitals und des *skill-biased technological change* erklärt fraglos einen großen Teil der Lohnungleichheit und anderer Beschäftigungsungleichheiten, aber auf dem gegenwärtigen Kenntnisstand wäre es übertrieben «optimistisch», mit ihrer Hilfe den ganzen Sachverhalt klären zu wollen.

Lohnungleichheit und Globalisierung. Eine weitere Anwendung der Theorie des Humankapitals führt die zunehmende Lohnungleichheit seit den 1970er-Jahren auf die Globalisierung zurück. Es ist demnach die durch Eröffnung des Nord-Süd-Handels entstandene Konkurrenz zwischen Arbeitskräften aus dem Süden und gering qualifizierten Arbeitern im Norden, die für steigende Lohnungleichheit verantwortlich ist. Diese Theorie ist logisch plausibel, aber sie ist nicht mit einem unbestreitbaren Faktum vereinbar: Obwohl Importe aus Ländern der Dritten Welt seit 1970 merklich zugenommen haben, machen sie 1990 in sämtlichen westlichen Staaten kaum 2–2,5% des BIP aus, also kaum 10% des Außenhandels zwischen entwickelten Ländern [Freeman, 1995, S. 16]. Wie sollte ein so geringer Prozentsatz der Güter und Dienstleistungen am Ursprung des allgemeinen Phänomens wachsender Lohnungleichheit stehen? Gewiss ist es theoretisch denkbar, dass Angebot und Nachfrage unterschiedlicher Qualifikationsniveaus in bestimmten Wirtschaftszweigen, die vom internationalen Handel betroffen sind, für wachsende Ungleichheit sorgen, die dann auf die gesamte Wirtschaft übergreift – aber das müsste empirisch nachgewiesen werden. Zudem hat man in den Vereinigten Staaten und in Großbritannien feststellen können, dass die Segregation von Arbeitnehmern mit unterschiedlich hohem Humankapital in unterschiedliche Unternehmen merklich zugenommen hat – und das wiederum in allen Wirtschaftszweigen, also nicht nur in denen, die vom Außenhandel betroffen sind [Kremer und Maskin, 1996]. Diese merkliche Zunahme der Segregation zwischen Unternehmen ist auch in Frankreich zu beobachten [Kramarz et al., 1995] und gibt einen Hinweis auf die allenthalben wachsende Kluft zwischen ultraproduktiven Produktionseinheiten und anderen, die zunehmend zurückbleiben. Auf dem gegenwärtigen Kenntnisstand sieht alles danach aus, dass der Anstieg der Lohnungleichheit in einem Strukturwandel der Produktion in den entwickelten Ländern wurzelt und es zu einer ähnlichen Entwicklung auch dann gekommen wäre, wenn es sich bei diesen Ländern um abgeschottete Wirtschaften gehandelt hätte, die keinen Handel mit dem Rest der Welt treiben.

Wie lassen sich Arbeitseinkommen umverteilen? Nehmen wir an, die Lohnungleichheit erkläre sich tatsächlich aus der Ungleichverteilung des Humankapitals, über das Arbeitnehmer jeweils verfügen. Was würde das für die Umverteilung der Löhne bedeuten? Und nehmen wir weiterhin an, es gebe zumindest kurzfristig keine Möglichkeit, die Ungleichverteilung des Humankapitals selber zu beeinflussen, und alles, was man tun könne, sei darum, die vom Markt selbst bestimmten Einkommen umzuverteilen. Es ginge also um eine reine, nur aus Gründen der sozialen Gerechtigkeit erforderliche Umverteilung (siehe Einleitung): Ungleichverteilung von Humankapital wird zumindest teilweise von Faktoren erzeugt, die, wie soziale Herkunft oder Veranlagung, der Kontrolle des Einzelnen entzogen sind, ganz wie die Ungleichverteilung ihres Startkapitals (siehe Kapitel 2). Wie lässt sich eine solche Umverteilung am besten in Angriff nehmen?

Wie im Fall der Umverteilung von Kapital zu Arbeit (siehe Kapitel 2) lautet die Schlüsselfrage, ob es auf gesamtwirtschaftlicher Ebene Substitutionsmöglichkeiten zwischen verschiedenen Typen von Arbeit und Humankapital gibt. Wenn die Wirtschaft nicht anders kann, als feststehende Mengen verschiedener Typen von Arbeit einzusetzen (*n* Arbeiter pro Computerspezialist ...), sind direkte und fiskalische Umverteilung völlig äquivalent: Ob man gegenüber den Marktlöhnen ein flacheres Lohngefälle anstrebt, zum Beispiel durch Einführung eines hohen Mindestlohns und niedrigen Höchstlohns, oder ob man den Markt die Löhne bestimmen lässt, um dann durch Besteuerung hoher Löhne einen Fiskaltransfer zugunsten niedriger Löhne zu finanzieren (oder deren Steuern zu senken), macht unter diesen Bedingungen keinen Unterschied. Sobald es dagegen eine nennenswerte Substitutionselastizität zwischen verschiedenen Typen von Arbeit gibt (definiert wie die Substitutionselastizität zwischen Kapital und Arbeit in Kapitel 2), ist die fiskalische Umverteilung der direkten strikt überlegen. Sie erlaubt es, Einkommen von gering qualifizierten Arbeitnehmern im selben Umfang wie die direkte Umverteilung zu erhöhen, ohne den Preis für gering qualifizierte Arbeit in die Höhe zu treiben und damit das Beschäftigungsvolumen für gering Qualifizierte zu verringern. Die Überlegenheit der fiskalischen Umverteilung rührt also erneut daher, dass sie es anders als die direkte Umverteilung erlaubt, den vom Unternehmen gezahlten und den vom Arbeitnehmer erhaltenen Preis zu entkoppeln. Diese Logik ist von großer Tragweite und bewährt sich nicht nur bei der Umverteilung zwischen verschiedenen Qualifikationsniveaus. Ein System der Familienbeihilfe zum Beispiel, das durch eine Abgabe auf alle Löhne finanziert wird, erlaubt eine Umverteilung der Löhne zugunsten von Arbeitnehmern mit Kindern, ohne ihren Preis für die Unternehmen in die Höhe zu treiben – anders als eine direkte Umverteilung, die den Arbeitgeber nötigen würde, ihnen einen höheren Lohn als anderen Arbeitnehmern zu zahlen.

Erneut wird eine solche Substituierbarkeit durch empirische Untersuchungen belegt: Der Bedarf an gering qualifizierter Arbeit sinkt gegenüber dem an qualifizierter Arbeit, sobald die Kosten für gering qualifizierte gegenüber qualifizierter Arbeit steigen, und umgekehrt. Alle verfügbaren ökonometrischen Studien zeigen ebenso wie historische Untersuchungen zum Wandel der Beschäftigungsstruktur in verschiedenen Ländern, dass diese Elastizitäten durchweg höher sind als die Substitutionselastizität zwischen Kapital und Arbeit [Krussel et al., 1996; Hammermesh, 1986] (siehe Kapitel 2): Es ist leichter, einen gering qualifizierten Arbeiter durch eine Maschine oder einen qualifizierten Arbeiter zu ersetzen, als auf qualifizierte Arbeiter zu verzichten.

Die fiskalische Umverteilung und ihr Preissystem stoßen freilich bei der Umverteilung der Löhne auf ebenso große Bedenken wie bei der Umverteilung von Kapital zu Arbeit (siehe Kapitel 2). Daher auch die linke Skepsis gegenüber einer Senkung der Sozialabgaben auf Arbeit. Tatsächlich ist nicht leicht einzusehen, dass ungleiche, möglicherweise sehr ungleiche Preise für die Arbeit verschiedener Individuen eine nützliche allokative Rolle spielen und es darum gut ist, wenn sie frei gestaltet werden können, während man zugleich anerkennt, dass die dadurch erzeugte Einkommensungleichheit ungerecht ist und mithilfe von Steuern und Transfers korrigiert werden sollte. Wenn Lohnungleichheit ungerecht ist, weshalb dann nicht einfach die Unternehmen zwingen, weniger ungleiche Löhne zu zahlen? Das Problem ist dasselbe, das uns schon anlässlich der Umverteilung von Kapital zu Arbeit begegnet ist. In einer komplexen Welt, in der so viele unterschiedliche Güter und Dienstleistungen produziert werden, mag ein höherer Preis für qualifizierte gegenüber gering qualifizierter Arbeit nicht der schlechteste Weg sein, Unternehmen und Konsumenten dazu zu bringen, zu Gütern und Dienstleistungen zu greifen, die einen intensiven Einsatz gering qualifizierter und einen weniger intensiven Einsatz hoch qualifizierter Arbeit erfordern. Die fiskalische Umverteilung erlaubt es, die allokative Funktion des Preissystems nicht zu beeinträchtigen, und zugleich die Einkommen unter den Arbeitnehmern umzuverteilen.

Eine große politische Herausforderung. Wie im Fall der Substitution von Kapital durch Arbeit ist die politische Herausforderung immens. Wenn es tatsächlich einem Technologiewandel zugunsten Qualifizierter und wachsender Divergenz individueller Produktivität zu verdanken ist, dass die Lohnungleichheit seit 1970 zunimmt, dann lassen sich Arbeitsplätze nur schaffen, wenn die Preise, die Unternehmen und Konsumenten für verschiedene Arten von Arbeit zahlen, im selben Umfang voneinander abweichen. Das P90/P10-Lohnverhältnis liegt in den 1980er Jahren in den Vereinigten Staaten bei 4,5, in Frankreich «nur» bei 3,2 (Tabelle 7). Man könnte daraus schließen, dass in Frankreich das C90/C10-Verhältnis der Preise für Arbeit (Löhne und Sozialabgaben) zwischen dem 90sten und dem 10ten Perzentil um etwa 40% steigen müsste, um ebenso viele Arbeitsplätze zu schaffen und vor allem zu verhindern, dass der Anteil der Arbeit an der Wertschöpfung weiter sinkt. Das hieße letztlich, alle Sozialabgaben von den Niedriglöhnen auf hohe Löhne umzuschichten. Die Sozialabgaben zur Veränderung des C90/C10-Verhältnisses zu nutzen, ist gegenüber dem Versuch, das P90/P10-Lohnverhältnis zu erhöhen, die sehr viel bessere Lösung. Sie ist nicht allein gerechter, da nicht einzusehen ist, weshalb Niedriglohnempfänger, die schon benachteiligt genug sind, den Preis für den Technologiewandel zugunsten Qualifizierter zahlen sollten. Sie ist auch die einzige Lösung, durch die sich der Rückzug gering qualifizierter Arbeitskräfte aus dem Arbeitsmarkt vermeiden lässt, der in den Vereinigten Staaten zu beobachten ist (siehe Kapitel 1).

Das ist es auch, was alle französischen Regierungen seit 1978 versucht haben: Die zuvor geltenden Höchstgrenzen für Sozialabgaben wurden 1978–79 und 1982–84 für die Krankenkassenbeiträge, 1989–1990 für die Familienbeihilfe abgeschafft. Zugleich wurden die gleichen Abgaben für Niedriglöhne seit 1993 gesenkt. Damit ist seit 1993 das C90/C10-Verhältnis der Arbeitskosten über das P90/P10-Verhältnis der Löhne gestiegen, das zuvor deutlich größer war. Das C90/C10- Verhältnis sank während der *grade compression*, der großen Lohnkompression in Frankreich, von 3,4 im Jahr 1970 auf 2,9 im Jahr 1983, um dann bis 1995 wieder auf 3,4 zu steigen, während das P90/P10-Verhältnis konstant blieb [INSEE, 1996a, S. 51]. Das bringt Frankreich auf den Stand, auf dem sich die Vereinigten Staaten zu Beginn der 1970er-Jahre befanden, bevor dort die Lohnungleichheit zu wachsen begann (Tabelle 7). Es ist verlockend, daraus den Schluss zu ziehen, dass Frankreich noch einen langen Weg vor sich hat, bevor es das C90/C10-Verhältnis der Arbeitskosten in den Vereinigten Staaten erreicht, und die Bemühungen um Umschichtung der Abgaben fortgesetzt und verstärkt werden müssen (siehe Kapitel 4).

Diese Vergleiche sind allerdings mit Vorsicht zu behandeln. In Großbritannien etwa lag Anfang der 1990er-Jahre das P90/P10-Verhältnis bei 3,3 (Tabelle 7), das C90/C10-Verhältnis dagegen leicht darüber, dank der gesenkten Abgaben auf geringe Gehälter. Die britischen Unternehmen und Konsumenten hat das nicht daran gehindert, eher zu beschäftigungsintensiven Gütern und Dienstleistungen zu greifen, während der Anteil der Lohnsumme am erwirtschafteten Wohlstand in Frankreich weiter sank (siehe Kapitel 2). Natürlich bleibt Großbritannien ein ärmeres Land als Frankreich und profitiert daher von einem Aufholprozess im Sinne des Konvergenzmodells.

Woher rührt die Ungleichverteilung des Humankapitals? Durch fiskalische Umverteilung lassen sich die Auswirkungen der Ungleichverteilung von Humankapital auf die Ungleichheit des Lebensstandards in Grenzen halten, aber sie ändert nichts an den strukturellen Ursachen der Ungleichverteilung. Die zentrale Frage lautet daher, wie die Ungleichverteilung von Humankapital entsteht und wie es sich umverteilen lässt. Wenn Gary Becker und seine Kollegen Ultraliberale sind, dann liegt das im Übrigen weniger an ihrer Theorie der Lohnungleichheit als Folge der Ungleichverteilung von Humankapital als an ihrer Theorie der Entstehung der Ungleichverteilung des Humankapitals selber. Für Becker und seine Kollegen unterscheidet sich der Erwerb von Humankapital nicht prinzipiell von irgendeiner anderen Investition. Wenn die Investitionskosten (Preis einer Lehrkraft, Studiengebühren, Studiendauer ...) niedriger sind als die erzielte «Rendite» (Einkommensgewinn durch das Humankapital), dann wird der Markt die nötigen Mittel zur Finanzierung dieser rentablen Investition aufbringen, nicht anders, als es das Modell des vollkommenen Kreditmarkts auch für Investitionen in Sachkapital vorsieht. So wird ein Arbeitnehmer, wenn er die Wahl hat, einen geringeren Lohn in Kauf nehmen oder den Arbeitgeber für eine gewisse Zeit sogar bezahlen, wenn Berufserfahrung und Weiterbildung, die eine Anstellung mit sich bringen, einen starken Zuwachs an Humankapital versprechen. Falls sie zutrifft, hat diese Theorie zwei unmittelbare Konsequenzen, die man auseinanderhalten sollte. Erstens geht sie davon aus, dass die Kosten einer fiskalischen Umverteilung erheblich wären, da sie die Rendite der Investition in Humankapital schmälern würde. Damit nähmen individuelle Anreize für solche Investitionen und mit ihnen die Zahl hoher Gehälter so sehr ab, dass schließlich auch niedrige Löhne in Mitleidenschaft gezogen würden. Wenn man es Medizinern verwehrt, als Ausgleich für ihre lange Ausbildung zehnmal mehr zu verdienen als Arbeiter, gibt es am Ende keine Mediziner mehr – weder um die Arbeiter medizinisch zu versorgen, noch um ihre Steuern zu zahlen. Die Theorie der Humankapitalinvestitionen behauptet also eine sehr hohe Elastizität des Humankapitalangebots (definiert wie die Substitutionselastizität des Kapitalangebots). Mitunter hört man ein Zusatzargument: Einkommen umzuverteilen, sei nicht allein kontraproduktiv, sondern auch ungerecht. Wie viel Einzelne in Humankapital investieren, sei eine Entscheidung, die sich von unterschiedlichen Präferenzen bezüglich Studiendauer, Arbeitsaufwand, Beschwerlichkeit etc. leiten lasse, und da sei es nicht Sache des Staates, sich einzumischen. Das am häufigsten vorgebrachte Argument beruft sich aber in der Tat auf die Elastizität des Humankapitalangebots. Aber wie zutreffend ist es überhaupt, dass Einkommensumverteilung das Problem fehlender Investitionsanreize auf den Plan ruft? Leider gibt es dazu sehr viel weniger empirische Schätzungen als theoretische Überlegungen. Auf dem gegenwärtigen Kenntnisstand lässt sich immerhin sagen, dass diese Effekte sehr viel schwächer ausfallen, als die Theoretiker aus Chicago annehmen (siehe Kapitel 4).

Effiziente Ungleichheit? Die zweite Konsequenz der Theorie der Humankapitalinvestition ist, dass es keinen Anlass für staatliche Eingriffe in den Prozess der Entstehung von Humankapital gibt. Alle rentablen Investitionen werden dank des freien Spiels der Marktkräfte und privater Initiative ohnehin getätigt. Staatliche Interventionen auf dem Bildungs- oder Arbeitsmarkt können daher nur schädlich sein. Aus der Theorie folgt also nicht nur, dass eine reine Umverteilung das Problem sinkender Anreize auf den Plan ruft und darum zurückhaltend sein sollte. Aus ihr folgt auch, dass es eine effiziente Umverteilung nicht geben kann, da der Markt für eine im Sinne Paretos effiziente Ressourcenallokation sorgt (siehe Einleitung).

Wer mit Fragen der intergenerationellen Reproduktion von Ungleichheit und der Chancenungleichheit im Bildungssystem vertraut ist, wird von diesen Empfehlungen zunächst überrascht sein. Eine Rechtfertigung für staatliche Bildungspolitik liegt ja ganz einfach darin, dass die Jugendlichen, um die es ihr geht, im Allgemeinen gar nicht in der Lage sind, die Rentabilität dieser oder jener Investition in Bildung einzuschätzen. Und von ihren Eltern gilt häufig dasselbe. Ökonomen mögen vor diesem «paternalistischen» Argument zurückschrecken, aber niemand wird bestreiten können, dass die beklagenswerten Zustände in Indien zum Beispiel noch lange fortbestehen werden, wenn indische Kinder den Ratschlägen aus Chicago folgen und darauf hoffen sollen, dass Marktkräfte und Privatinitiative der Eltern ihre Alphabetisierung schon irgendwie vorantreiben werden. Die allgemeine Schulpflicht ist zweifellos die wichtigste aller Umverteilungsmaßnahmen. Forschungen zu Wachstum und Konvergenz zeigen, dass die erhebliche Verbesserung des Lebensstandards, die der Westen seit dem 19. Jahrhundert erlebt hat, ohne ihre Einführung undenkbar gewesen wäre.

Ein anderes Argument, das gegen die Theorie der effizienten Humankapitalinvestitionen spricht, ist selbstverständlich die oben dargestellte Unvollkommenheit des Kreditmarktes, die dazu führen kann, dass jemand aus bescheidenen Verhältnissen sich ein langes Studium nicht leisten kann, obwohl er die nötigen Fähigkeiten besitzt und das Studium folglich eine rentable Investition wäre. Dieses Marktversagen ist umso wahrscheinlicher, als Humankapitalinvestitionen langfristige Investitionen sind, bei denen es schwierig ist, glaubhaft zu machen, dass man einen Kredit zurückzahlen kann, der denn auch Studierenden, deren Eltern finanzkräftig genug sind, um eine Bürgschaft für sie zu übernehmen, sehr viel bereitwilliger gewährt wird. Das rechtfertigt eine Politik, die entschlossen für eine finanzielle Unterstützung von Studierenden aus bescheidenen Verhältnissen eintritt und damit der ineffizienten Ungleichverteilung von Humankapital entgegentritt.

Man muss freilich einräumen, dass es keine verlässliche empirische Schätzung des quantitativen Umfangs dieses Kreditmarktversagens gibt und das paternalistische Argument nicht für alle Bildungsstufen gleichermaßen gilt. Gewiss variieren die erreichten Bildungsstufen je nach sozialer Herkunft erheblich, und Kinder aus bescheidenen Verhältnissen haben bei gleichen schulischen Leistungen im Alter von zehn Jahren im Allgemeinen einen kürzeren Bildungsweg vor sich. Man könnte daraus schließen, dass allein die Unvollkommenheit des Kreditmarkts diese Jugendlichen daran hindert, den gleichen Bildungsweg wie ihre Mitschüler einzuschlagen. Soziologen haben allerdings zu bedenken gegeben, dies könne auch daher rühren, dass Jugendliche aus bescheidenen Verhältnissen weniger motiviert sind, ein langes Studium zu absolvieren, weil man von ihnen nicht erwartet, den sozialen Status der Familie aufrechtzuerhalten [Boudon, 1973].

Dies ist eine soziologische Variante des Arguments von den «unterschiedlichen Präferenzen», die zugleich zu verstehen gibt, es sei illusorisch, eine substanzielle Verbesserung der Chancengleichheit dadurch erreichen zu wollen, dass mehr öffentliche Gelder in die Ausbildung von Jugendlichen aus bescheidenen Verhältnissen investiert werden. Tatsächlich ist der Einfluss der sozialen Herkunft auf den beruflichen Erfolg mit dem Problem des Kreditmarktversagens und des Zugangs zu Bildung nicht erschöpfend beschrieben. Auch bei Hochschulabsolventen mit ein und demselben Abschluss macht dieser Einfluss sich während des gesamten Berufslebens geltend [Goux und Maurin, 1996]. Die Tatsache, dass der erreichte Bildungsgrad nur einen Teil der gesamten Lohnungleichheit erklärt, wird oft bemüht, um den Enthusiasmus derer zu dämpfen, die glauben, durch ehrgeizige Bildungspolitik das Problem der Ungleichheit aus der Welt schaffen zu können [Boudon, 1973]. Wenn die Finanzierung des Studiums der entscheidende Faktor wäre, könnte man im Übrigen erwarten, dass in Ländern, in denen die private Finanzierung des Studiums eine entscheidende Rolle spielt, die intergenerationelle Reproduktion von Humankapital größer ist als in Ländern, in denen die staatliche Finanzierung stärker ins Gewicht fällt. Tatsächlich scheint aber die intergenerationelle Mobilität im Hinblick auf das Bildungsniveau historisch und geografisch kaum zu variieren [Shavit und Blossfeld, 1993] – was im Übrigen auch von der intergenerationellen Mobilität im Hinblick auf das Einkommensniveau gilt [Erikson und Goldthorpe, 1992].

Die Rolle der Familie und der Bildungsausgaben. Das Argument gegen den Interventionismus im Bildungswesen will, allgemeiner gesprochen, die Rolle der Familie bei der Reproduktion von Ungleichheit nicht leugnen, sondern behauptet im Gegenteil, der Fortbestand von Ungleichheit sei aufgrund der zentralen Rolle der Familie ganz unvermeidlich. Beckers Familientheorie, wie man sie in seinen Büchern und in denen seiner Schüler findet [Becker, 1991; Mulligan, 1996], beharrt mit allem Nachdruck darauf, wie wichtig die Investitionen von Familien in ihre Kinder sind, und wie schädlich es ist, wenn diese Investitionsentscheidungen durch staatliche Einmischung gestört werden. Dieser Gedanke hat im Übrigen in Chicago Tradition. 1966 erregte der berühmte Bericht über die Bildung benachteiligter Minderheiten, den die US-amerikanische Regierung bei dem Soziologen James Coleman in Auftrag gegeben hatte, einen Skandal durch den Befund, die Umverteilung von Geldmitteln zugunsten von Schulen in Problemvierteln habe keine Verbesserung der schulischen Leistungen und der Integration in den Arbeitsmarkt gezeitigt. Die Schlussfolgerung Colemans und der zahlreichen von ihm inspirierten Arbeiten lautete, dass es nichts an der Lage der Dinge ändert, die öffentlichen Ausgaben für die Bildung benachteiligter Schichten zu erhöhen, da irreversible Ungleichheit bereits innerhalb der Familie und des Herkunftsmilieu entsteht.

Natürlich besteht weitgehende Einigkeit darüber, dass Vererbung von Ungleichheit eher von «Umwelteinflüssen» als von genetischen Faktoren abhängt. Der Psychologe Richard Herrnstein und der Soziologe Robert Murray, die 1994 die Titelseiten mit der These eroberten, der Versuch, die Ungleichheit der Intelligenz in der modernen Wirtschaft und Gesellschaft zu bekämpfen, sei Zeitverschwendung, haben sich denn auch den Vorwurf zugezogen, der Vorstellung einer starken genetischen Bedingtheit und Vererbung von Intelligenz anzuhängen. Tatsächlich erkennen sie aber auch die durch Adoptionsstudien belegte Tatsache an, dass Kinder aus stark benachteiligten soziokulturellen Milieus, die nach der Geburt in gebildetere Familien kommen, nicht weniger erfolgreich sind als die leiblichen Kinder der fraglichen Eltern [Herrnstein und Murray, 1994, S. 410–413]. Aber das ist nicht der entscheidende Punkt. Wenn die Schlüsselfaktoren mit dem Familienumfeld zu tun haben und vor allem die frühe Kindheit prägend ist (Bücher im Haushalt, Gespräche mit den Eltern, etc.), dann unterscheidet sich die durch das häusliche Umfeld bedingte Ungleichheit ohnehin kaum von einer genetisch bedingten Ungleichheit. Was Herrnstein und Murray wie Coleman dreißig Jahre vor ihnen betonen, ist vor allem eines: Da sich ihre Erfolge nur schwer messen lassen, sind Investitionen von Bildungsmitteln in benachteiligte Milieus der Mühe nicht wert.

Wenn diese Theorie zutrifft, wäre es also vergeblich, die Ungleichverteilung von Humankapital verändern zu wollen: Die verfügbaren Ressourcen sollten besser darauf verwendet werden, durch Fiskaltransfers die aus ihr folgende ungerechte Ungleichheit der Lebensbedingungen abzubauen – in den gegebenenfalls engen Grenzen, die von der Elastizität des Humankapitalangebots gesetzt werden.

Das Problem der ineffizienten Segregation von Humankapital. Diese Schlussfolgerungen haben zahlreiche Debatten ausgelöst, insbesondere nach Veröffentlichung des Coleman-Berichts in den Vereinigten Staaten. Dank besserer Indikatoren für die Wirkung höherer Bildungsausgaben in Problemvierteln haben jüngere Arbeiten zeigen können, dass diese Schlussfolgerungen weit überzogen waren [Card und Krueger, 1992]. Zudem lassen Colemans Befunde unterschiedliche Deutungen zu. Eine plausible Deutung lautet, dass die Wirkung von Bildungsausgaben nicht schwach ist, weil allein das familiäre Umfeld die schulischen Leistungen bestimmt, sondern weil die Sozialstruktur der Schülerschaft und des Wohnviertels sehr viel ausschlaggebender ist als die Bildungsausgaben als solche.

Es gibt, anders gesagt, allen Grund zu der Annahme, dass die Chance auf schulischen Erfolg, zumal in der Primar- und Sekundarstufe, eher von der «Qualität» der Mitschüler als von der des Lehrers abhängt. Die Aussicht auf schulischen Erfolg wird nicht wesentlich verbessert, wenn man einen hoch qualifizierten Lehrer in einen Problemvorort schickt. Aber sie verbessert sich ganz erheblich, schickt man Schüler aus dem Problemvorort auf ein Pariser Gymnasium. Diese Annahme wird durch die sehr umfangreichen intergenerationellen Daten bestätigt, die von der US-amerikanischen PSID, der *Panel Study of Income Dynamics* zusammengetragen worden sind. Bei gleichem Bildungs- und Einkommensniveau der Eltern variieren die Chancen der Kinder auf soziale Mobilität zwischen eins und zwei, je nach Durchschnittseinkommen des Viertels, in dem die Eltern leben. Diese Resultate zeigen, dass «lokale Externalitäten», wie Ökonomen das nennen, die seit Langem auf der mikroökonomischen Ebene des Klassenzimmers gemessen werden, substanzielle Auswirkungen auf die globale Dynamik der Ungleichheit haben können, und zwar in derselben Größenordnung wie die Auswirkungen der Elterncharakteristika selber [Cooper et al., 1994].

Negative Befunde wie diejenigen Colemans sind also nicht dazu angetan, den Widerstand gegen die Umverteilung finanzieller Mittel zugunsten benachteiligter Viertel zu bestätigen und einer Politik des *laisser faire* das Wort zu reden. Sie sprechen im Gegenteil für die Einführung radikalerer Umverteilungsinstrumente, etwa Verteilungsschlüssel, die Eltern verschiedener sozialer Schichten zwingen, ihre Kinder in die gleichen Schulen zu schicken – wenn man sie schon nicht zwingen kann, zusammenzuleben (was noch besser wäre). Derartige politische Maßnahmen gibt es in zahlreichen Ländern, aber meist in ausgesprochen bescheidenem Umfang. Die elterliche Schulwahl wird häufig eingeschränkt, um einen zu starken Konzentrationsprozess bestimmter Schichten zu verhindern, aber diese Verteilungsschlüssel belassen es meist dabei, Kinder aus dem gleichen Viertel in die gleiche Schule zu schicken – was die soziale Durchmischung in der Praxis erheblich einschränkt.

Radikalere Versionen einer solchen Politik wurden für kurze Zeit in den Vereinigten Staaten der 1960er- und 1970er-Jahre erprobt, etwa mit dem sogenannten *busing*, das einen Teil der Kinder aus wohlhabenden Vierteln den Bus nehmen ließ, um Schulen in benachteiligten Vierteln zu besuchen, und umgekehrt, was meist hieß, dass die Hautfarben sich vermischten. Sie markierten den Höhepunkt der Phase des *civil rights movement* – und deren Ende, da die Eltern ihnen ausgesprochen feindselig gegenüberstanden. Diese Feindseligkeit war im US-amerikanischen Kontext besonders vorhersehbar, da US-amerikanische Eltern es gewohnt sind, lokale Kontrolle über die Schulen zu haben – Lehrplan und Lehrpersonal eingeschlossen.

Gleichwohl hat die individuelle Entscheidung, sein Kind in diese oder jene Schule zu schicken, erhebliche Auswirkungen auf andere Kinder, auch wenn den Eltern aufgrund der Anonymität des Preissystems (in diesem Fall der Wohnpreise) die externen Effekte ihrer Entscheidungen auf andere nicht bewusst sein mögen. So hat man auch zeigen können, dass individuelle Wohnentscheidungen selbst dann zur Segregation führen würden, wenn die soziale Integration den Benachteiligten sehr viel mehr einbrächte, als sie die Begünstigten kosten würde [Bernabou, 1993]. Es ist daher theoretisch zwar denkbar, dass soziale Integration allen zugutekäme, zum Beispiel dann, wenn die Kosten der Integration für die Bessergestellten geringer ausfielen als die Steuersenkungen, die ihnen der schulische und berufliche Erfolg der Schlechtergestellten bescheren würde. Aber praktisch lässt sich ein derartiges soziales Gleichgewicht ohne kollektiven Zwang kaum erreichen. Langfristig könnten daher einfache Regeln wie die, dass in jeder Schule einer Gemeinde das Durchschnittseinkommen der Eltern egalisiert werden muss, im materiellen Interesse aller liegen.

Diskriminierung auf dem Arbeitsmarkt. Ein weiterer sozioökonomischer Mechanismus, der für ineffiziente Ungleichverteilung von Humankapital sorgt, ist die Diskriminierung auf dem Arbeitsmarkt. Die Theorie der Arbeitsmarktdiskriminierung, die Phelps [1968] und Arrow [1973] am Beispiel der Diskriminierung der schwarzen Minderheit in den Vereinigten Staaten entwickelt haben, lässt sich auf alle Gruppierungen anwenden, deren Angehörige für Arbeitgeber als solche erkennbar sind, wie Frauen, niedrige Kasten in Indien, Langzeitarbeitslose oder, allgemeiner, jede soziale Gruppe, die Gegenstand negativer Vorurteile sein mag. Die Grundidee der Theorie ist denkbar einfach. Angenommen, Arbeitgeber gehen davon aus, dass bestimmte gesellschaftliche Gruppen objektiv geringere Chancen als andere haben, sich ausreichend für Berufstätigkeiten zu qualifizieren, die hohes Humankapital erfordern. Nimmt man weiterhin an, dass Arbeitgeber zum Zeitpunkt der Einstellung nicht in der Lage sind, die Qualifikation und Motivation eines Bewerbers exakt zu bestimmen, weshalb sie Einstellungsentscheidungen auf der Grundlage unvollkommener Signale wie Testresultate, Lebensläufe oder Bewerbungsgespräche treffen. Da sie erwarten, dass manche Gruppen von Haus aus weniger Chancen haben, das erforderliche Humankapital zu besitzen, werden sie Angehörige dieser Gruppen nur einstellen, wenn sie bei den Tests außergewöhnlich gut abschneiden. Sie legen, anders gesagt, für diese Bewerber die Latte höher als für andere. Wie werden die diskriminierten Gruppen auf diese Arbeitgeberpraxis reagieren? Angesichts der geringen Wahrscheinlichkeit, eine qualifizierte Anstellung zu finden, werden sie die erforderlichen Humankapitalinvestitionen im Durchschnitt weniger häufig als andere tätigen, nämlich nur dann, wenn sie ein außerordentliches Ergebnis beim Bewerbungsgespräch zu erreichen hoffen. So wird zum Beispiel nur jemand, der bereits über ausreichendes Selbstvertrauen verfügt, das Risiko eines langen Studiums eingehen, sich intensiv auf das Bewerbungsgespräch vorbereiten, etc. Das Verhalten der Diskriminierten wird, anders gesagt, tendenziell die von den Arbeitgebern gehegte Erwartung bestätigen, das durchschnittliche Humankapitalniveau in dieser Gruppe sei niedriger als in anderen. Tatsächlich kann man zeigen, dass selbst dann, wenn zwei Gruppen, zum Beispiel Schwarze und Weiße, von Haus aus exakt die gleichen Fähigkeiten besitzen, ein hohes Humankapitalniveau zu erreichen, die unheilvolle Interaktion zwischen den Erwartungen der Arbeitgeber und dem Verhalten, das diese Erwartungen hervorrufen, eine tiefe und nachhaltige Ungleichverteilung des Humankapitals und der von diesen beiden Gruppen erreichten beruflichen Erfolge zeitigen kann [Coate und Loury, 1993]. Und das gilt natürlich a fortiori dann, wenn die Fähigkeiten der einen Gruppe aufgrund bescheidenerer sozialer Herkunft etwas geringer sind. Diese Ungleichverteilung von Humankapital ist denkbar ineffizient, weil sie gänzlich auf einer *self-fulfilling prophecy* seitens der Arbeitgeber beruht, während wirtschaftliche Effizienz im Gegenteil erfordern würde, dass Gruppen mit gleichen Fähigkeiten die gleichen Humankapitalinvestitionen tätigen. Es handelt sich also um eine zutiefst unwirtschaftliche, nutzlose Ungleichheit. Diese Theorie der Ungleichheit hat übrigens eine Reihe von Übereinstimmungen mit bestimmten soziologischen Theorien, denen zufolge Ungleichheit häufig von einem vorherrschenden Diskurs produziert wird, der die schwachen Aufstiegschancen bestimmter Gruppen hervorhebt, sie damit aber entmutigt und schließlich seinerseits zur *self-fulfilling prophecy* wird [Bourdieu und Passeron, 1964; 1970].

Affirmative action oder Fiskaltransfers? Diese Theorien sind politisch höchst bedeutsam. Wenn Ungleichheit nicht zuletzt aus schädlichen Mechanismen dieser Art entsteht, braucht es neue Umverteilungsinstrumente. So legt die Theorie der Diskriminierung zum Beispiel nahe, der Diskriminierung von Minderheiten durch Rechtsvorschriften zu begegnen, also zum Beispiel Arbeitgebern den Nachweis abzuverlangen, dass ihre Einstellungs- und Beförderungsentscheidungen auf objektiven Kriterien und nicht auf Bevorzugung bestimmter gesellschaftlicher Gruppen beruhen, oder sie durch Quoten und «positive Diskriminierung» zu verpflichten, einen bestimmten Prozentsatz von Minderheitenangehörigen einzustellen, um den Teufelskreis von *self-fulfilling prophecy* und Ungleichheit zu durchbrechen. In den Vereinigten Staaten sind Spielarten einer solchen Politik der *affirmative action* seit den 1970er-Jahren in rascher Folge aufgekommen, um Frauen oder Afroamerikaner und andere Minderheiten zu schützen. Diese Umverteilungsinstrumente gleichen eher einer drastischen Verschärfung der traditionell vom Arbeitsrecht unternommenen Bemühungen, die Willkür von Arbeitgebern einzuschränken. Sie haben nichts mit Instrumenten gemein, wie die Verfechter der Theorie effizienter Ungleichverteilung des Humankapitals sie empfehlen, die es dabei belassen wollen, Fiskaltransfers zugunsten sozialer Gruppen zu finanzieren, die unglücklicherweise zu wenig Humankapital besitzen. Transfers, die sich in den Grenzen halten, die von der Elastizität des Humankapitalangebots gesetzt werden, und vor allem nicht in den Produktionsprozess eingreifen sollen. Herrnstein und Murray [1994] zum Beispiel stellen den Begriff der Diskriminierung selber infrage und wollen den Fortbestand der Rassenungleichheit dadurch erklären, dass in afroamerikanischen Familien geringer IQ und niedriges Humankapitalniveau von Generation zu Generation weitervererbt würden.

Lässt sich diese Debatte durch die verfügbaren Daten voranbringen? Im Fall der Diskriminierung der Afroamerikaner, die relativ gut dokumentiert ist, sind die Beobachtungen ohne Rekurs auf eine Theorie der Diskriminierung offenbar nicht zu erklären. Wie Freeman [1973] gezeigt hat, geht die Verringerung des Lohnabstands zwischen Weißen und Afroamerikanern seit dem *civil rights movement* in den 1960er-Jahren wesentlich darauf zurück, dass negative Vorurteile und die Entmutigung, die mit ihnen einhergeht, mehr und mehr abgebaut wurden [siehe auch Bound und Freeman (1989)]. Aber das beste Beispiel ist zweifellos die eindrucksvolle Verbesserung der Situation von Frauen auf dem Arbeitsmarkt seit 1950, die sich nur durch eine Theorie erklären lässt, die berücksichtigt, welche entscheidende Rolle Diskriminierung, Vorurteile und herrschende Diskurse spielen. In sämtlichen westlichen Ländern ist die Teilnahme von Frauen am Arbeitsmarkt von kaum 10–20% um 1950 auf mehr als 50% in den 1980er-Jahren gestiegen [OECD, 1985]. Dieser Anstieg setzte sich in den 1980er-Jahren fort. Während die Lohnungleichheit allenthalben zunahm, holte das Durchschnittsgehalt von Frauen gegenüber dem von Männern in den

Vereinigten Staaten um 20% auf [Blau und Kahn, 1994], ganz wie in den meisten anderen entwickelten Ländern [OECD, 1985, S. 176–178]. Keine Politik der Fiskaltransfers hätte jemals zu einer so spektakulären Verbesserung der wirtschaftlichen Situation von Frauen führen können.

Zu diesem eindrucksvollen Anstieg kam es im Übrigen auch in Ländern mit einem «mediterranen» Steuersystem wie der Familienzulage in Frankreich, das Frauen nicht ermutigt, am Berufsleben teilzunehmen, im Unterschied zu den angelsächsischen und skandinavischen, die Individuen und nicht Familien besteuern. Das zeigt, dass Ungleichheiten, die auf schierer Diskriminierung beruhen, wie Ungleichheit zwischen Schwarzen und Weißen oder Männern und Frauen, durch *affirmative action* und einen Mentalitätswandel sehr viel wirkungsvoller eingedämmt werden als durch fiskalische Umverteilung.

Wenn Ungleichheit auf Diskriminierung beruht, folgt daraus leider nicht immer, dass sie leicht abgebaut oder gar abgeschafft werden kann. So fällt auch die Bilanz der meisten Beobachter der *affirmative action* in den Vereinigten Staaten eher durchwachsen aus. Das betrifft insbesondere die Ungleichheit zwischen Weißen und Afroamerikanern. Tatsächlich kann eine Quote die Vorurteile gegenüber Afroamerikanern – «die stellen wir nur ein, weil man uns dazu zwingt» – noch verstärken und zugleich den Anreiz für die Betroffenen senken, sich wie jeder normale Bürger um Jobs zu bewerben – wodurch die Quote das genaue Gegenteil dessen bewirkt, was sie bezweckt [Coate und Loury, 1993]. Eine ganze Reihe von Beobachtern lehnt darum die Quotenregelung ab. Die scheinbar geringen Erfolge der *affirmative action* haben denn auch den konservativen Widerstand gegen Sozialprogramme im Allgemeinen seit den 1980er- und 1990er-Jahren noch deutlich verschärft. Aber die Verschlechterung der relativen Stellung von Afroamerikanern auf dem Arbeitsmarkt seit den 1970er-Jahren, die diese Reaktion bestärkt hat, ist aller Wahrscheinlichkeit nach eher ein Nebeneffekt der Tatsache, dass Lohnungleichheiten überhaupt gewachsen sind und die Deindustrialisierung die afroamerikanischen Arbeiter zumal im Norden der Vereinigten Staaten mit voller Wucht getroffen hat [Wilson, 1987].

Soziale Erzeugung von Lohnungleichheit

Manche Lohnungleichheiten lassen sich nicht allein aus der effizienten oder ineffizienten Ungleichverteilung von Humankapital erklären. So versuchen zum Beispiel manche Wirtschaftsakteure (Gewerkschaften, Arbeitgeber), die Lohnstruktur, die sich aus dem Spiel von Nachfrage und Angebot von Humankapital ergibt, zu ihren Gunsten zu beeinflussen. Auch ohne solche Beeinflussung des Marktpreises für Arbeit können andere Faktoren als das Humankapitalniveau des Arbeitnehmers, zum Beispiel die Notwendigkeit, die Arbeitnehmer zu motivieren, zu erheblichen Verzerrungen der Lohnstruktur führen, die von der Theorie des Humankapitals nicht vorhergesagt werden können. Sind diese Abweichungen von den Wettbewerbspreisen etwas Gutes oder etwas Schlechtes? Und inwiefern verändert sich durch solche Prozesse der Bildung von Lohnungleichheiten die Frage nach der Umverteilung von Arbeitseinkommen?

Der Einfluss der Gewerkschaften auf die Lohnentwicklung. Was tun Gewerkschaften? Die traditionelle ökonomische Analyse ist einfach: Gewerkschaften verfügen über eine Monopolstellung bei der Preisfestsetzung. Eine Monopolstellung, weil sie im Rahmen der Rechte, die der Gesetzgeber ihnen einräumt, als Interessenvertreter einer großen Zahl von Arbeitnehmern an der Preisbildung beteiligt sind, ohne dass einzelne Arbeitnehmer beschließen könnten, ihre Arbeit zu einem niedrigeren Preis anzubieten. Und wie ein Unternehmen, das über ein Monopol verfügt, Preiserhöhungen auch dann beschließen wird, wenn es dadurch ein paar Kunden verliert, wird die Gewerkschaft ihre Monopolmacht dazu nutzen, höhere Löhne zu fordern, als es sie ohne Gewerkschaft gäbe, auch wenn dadurch das Beschäftigungsniveau sinkt. Darüber darf allerdings nicht vergessen werden, dass Gewerkschaften nicht nur für eine Anhebung des allgemeinen Lohnniveaus kämpfen. Sie treten mithilfe von Lohnskalen, die für unterschiedliche Qualifikation und Berufserfahrung unterschiedliche Löhne festsetzen, auch für einen bestimmten Abbau der Lohnhierarchie innerhalb von Unternehmen ein [Freeman und Medoff, 1984].

Dennoch sind die Instrumente, mit denen Gewerkschaften das allgemeine Niveau der Arbeitseinkommen erhöhen und Lohnungleichheit abbauen wollen, keine effizienten Umverteilungsinstrumente. Wie wir gesehen haben, ist jede Umverteilung durch Beeinflussung der Preise für Arbeit und Humankapital ineffizient, sobald es auf gesamtwirtschaftlicher Ebene Substitutionsmöglichkeiten zwischen Kapital und Arbeit und zwischen verschiedenen Arten von Arbeit gibt (siehe Kapitel 2 und 3): Wenn die Bemühungen der Gewerkschaften von Erfolg gekrönt sind, werden die Unternehmen zwangsläufig mehr Kapital und weniger Arbeit sowie mehr qualifizierte Arbeit und weniger unqualifizierte Arbeit einsetzen. Es ist daher eine fundamentale Tatsache, dass sich dieselbe Umverteilung wirkungsvoller mit fiskalischen Umverteilungsmitteln finanzieren lässt, also durch Besteuerung hoher Einkommen, mit der Fiskaltransfers zugunsten von Geringverdienern finanziert werden können. Die Frage lautet also nicht, wie viel Umverteilung von Kapital zu Arbeit angemessen wäre, denn die Antwort darauf hängt, wie wir gesehen haben, von anderen Faktoren ab. Sie lautet vielmehr, welche Umverteilungsmittel geeignet sind. Sollte also die Macht der Gewerkschaften bei der Preisbildung beschränkt werden?

Sind Gewerkschaften ein Ersatz für fiskalische Umverteilung? Die erste Antwort lautet, dass eine Machtbeschränkung der Gewerkschaften nur dann zu einer wirkungsvolleren Umverteilung führen kann, wenn dadurch tatsächlich eine von den Gewerkschaften betriebene ineffiziente Umverteilung durch eine vom Staat betriebene effiziente Umverteilung ersetzt werden kann. In der Praxis liegt das Problem offenbar darin, dass keine Einigkeit darüber besteht, wie umfangreich die Umverteilung sein soll. Nehmen wir an, die amtierende Regierung hält es für angemessen, dass ein gering qualifizierter Beschäftigter von 760 Euro, eine hoch qualifizierte Führungskraft dagegen von 4575 Euro im Monat lebt – zum Beispiel, weil sie der Auffassung ist, dass andernfalls der Anreiz dafür schwindet, die fraglichen Qualifikationen überhaupt zu erwerben. Wenn eine Gewerkschaft diese Auffassung nicht teilt und meint, der Beschäftigte sollte 1525 Euro und die Führungskraft 3810 Euro erhalten, dann kann sie nur versuchen, den Arbeitgebern eine neue Lohnskala aufzuzwingen.

Natürlich wäre es besser, die Steuern der Führungskräfte um 760 Euro zu erhöhen, um so einen Fiskaltransfer von 760 Euro zugunsten der Arbeiter zu erreichen. Dadurch wäre das Unternehmen nicht genötigt, seinen Arbeitern mehr und seinen Führungskräften weniger zu zahlen, was unweigerlich dazu führt, dass es weniger Arbeiter und mehr Führungskräfte einstellt und damit die Arbeitslosigkeit in die Höhe treibt. Aber Gewerkschaften sind nicht befugt, Steuern und Transferleistungen zu erhöhen. Historisch betrachtet, hatten Konflikte dieser Art die Gewerkschaften auf den Plan gerufen: Wenn sie der Auffassung waren, der Staat komme seinen Umverteilungspflichten nicht nach, sprangen sie in die Bresche – mit den Mitteln des sozialen Kampfes und der direkten Umverteilung, die ihnen zu Gebote stehen. Zudem sind nicht allein die Möglichkeiten dieser Instrumente, verglichen mit denen der fiskalischen Umverteilung, sehr beschränkt. Sie erzielen häufig auch trügerische Erfolge. Wir begegnen hier einmal mehr dem Konflikt von historischer und politischer Zeit, den wir in Kapitel 2 erörtert haben. Die fiskalische Umverteilung zwischen Arbeitseinkommen hat, wie die Umverteilung von Kapital zu Arbeit, tatsächlich nie zu einem massiven und sichtbaren Abbau der Ungleichheit zwischen Arbeitnehmern geführt, auch wenn dies technisch lange schon möglich gewesen wäre. Historisch betrachtet, sind große fiskalische Umverteilungen selten und nehmen zumeist die Form von Sozialausgaben, nicht von monetären Transfers zwischen Arbeitnehmern an (siehe Kapitel 4). Vor allem sind sie stets sehr langsam umgesetzt worden und haben daher nur langfristig spürbare Wirkungen gezeitigt – zu langfristig, um in die Vorstellungswelt sozialer und politischer Kämpfe zu passen. Und manchmal ganz einfach zu langfristig, um innerhalb der Lebenszeit einer Generation bedeutsam zu sein.

Die ineffiziente Umverteilung, wie sie durch direkte Beeinflussung der Löhne erreicht wird, ist demgegenüber sehr viel sichtbarer. So stieg zum Beispiel die Kaufkraft des Nettomindestlohns zwischen 1968 und 1983, in einem sozialpolitischen Kontext, in dem die Gewerkschaften eine große Rolle spielten, um ungefähr 92%, der Durchschnittslohn dagegen nur um 53%. Das ließ das P90/P10-Verhältnis der französischen Löhne von 4,2% im Jahr 1967 auf 3,1% im Jahr 1983 sinken (siehe Kapitel 1 und INSEE [1996a, S. 44, 48]). Und es ist auch unbestreitbar, dass die Lohnungleichheit seit den 1970er-Jahren am stärksten in den beiden westlichen Ländern zugenommen hat, in denen die Macht der Gewerkschaften, vor allem auf Betreiben der politischen Führung, massiv beschnitten wurde, in den Vereinigten Staaten und Großbritannien.

Während dieses Zeitraums blieb dagegen die Lohnungleichheit relativ stabil in den westlichen Ländern, in denen der gewerkschaftliche Deckungsgrad, also der von Tarifvereinbarungen abgedeckte Anteil der Löhne, relativ hoch war – selbst wenn die Zahl der Gewerkschaftsmitglieder gleichfalls zurückging, so etwa in Frankreich und Deutschland. Von der reinen Theorie des Humankapitals und des Technologiewandels zugunsten Qualifizierter völlig außer Acht gelassen, ist dies einer der Hauptgründe dafür, dass sich die Lohnungleichheit in den westlichen Ländern seit den 1970er-Jahren so unterschiedlich entwickelte. Tatsächlich gehen darauf zwischen 20% und 40% der beobachteten Abweichungen zurück [Card, 1992; Lemieux, 1993]. Es ist möglich, dass diese Umverteilung durch Gewerkschaften damit bezahlt wurde, dass weniger neue Arbeitsplätze geschaffen wurden. Aber die entscheidende Tatsache ist, dass die Vereinigten Staaten und Großbritannien die ineffiziente Umverteilung durch Gewerkschaften keineswegs durch eine effizientere Umverteilung ersetzt haben, die sie vielmehr ihrerseits abschaffen wollten. Unter solchen Bedingungen können Gewerkschaften als Ersatz für eine fiskalische Umverteilung dienen.

Steigern Gewerkschaften die wirtschaftliche Effizienz? Die zweite Antwort auf die Frage, ob die Macht der Gewerkschaften beschnitten werden sollte, lautet, dass sie mitunter die wirtschaftliche Effizienz steigern. Traditionell wird ihnen zugute gehalten, dass sie als institutionelle Vertretung der Belegschaft für bessere Kommunikation in Unternehmen sorgen. Das feste Lohngefüge, das sie aushandeln, kann aber unter bestimmten Umständen selber schon positive Auswirkungen haben. So übersieht die reine Theorie des Humankapitals offenbar, dass Qualifikationen und Arbeitsgewohnheiten eines Beschäftigten nicht immer so universal einsetzbar sind, dass er sie nach Belieben dem meistbietenden Unternehmen verkaufen könnte.

Da ein bestimmtes Humankapital oft einen unternehmensspezifischen Wert hat, kann der Humankapitalmarkt nie ein vollkommener Wettbewerbsmarkt sein. Hat ein Arbeitnehmer einmal alle erforderlichen Anstrengungen unternommen und alle Investitionen getätigt, um sich für eine ganz bestimmte Arbeitsstelle zu qualifizieren, kann es sich das Unternehmen leisten, ihm sehr viel weniger zu zahlen, als er ihm einbringt, da er seine Fähigkeiten in einem anderen Unternehmen gar nicht zur Geltung bringen könnte. Diese Enteignung, die ihn um den Ertrag seiner Humankapitalinvestition bringt, ist freilich absehbar. Also wird der Arbeitnehmer diese Investition nicht mit der Entschlossenheit tätigen, die man erwarten dürfte, wenn er sicher sein könnte, ihre Früchte zu ernten. Im Voraus einen Mindestlohn festzusetzen, den das Unternehmen nicht unterschreiten darf, kann zur Lösung dieses Problems beitragen und die wirtschaftliche Effizienz steigern, weil es zu verhindern hilft, dass lohnende Investitionen unterbleiben. Wenn Unternehmen also verpflichtet werden, einem Beschäftigten mit dieser oder jener Qualifikation für diesen oder jenen Stellentyp einen im Voraus festgesetzten Lohn zu zahlen (oder sich an eine bestimmte Lohnspanne zu halten), dann schafft das einen Anreiz für potenzielle Arbeitnehmer, mehr spezifisches Humankapital zu erwerben, ohne ihre Enteignung durch den Arbeitgeber fürchten zu müssen.

Die Tragweite dieses Sachverhalts beschränkt sich nicht auf den besonderen Fall des Humankapitals. Tatsächlich ist ein verbindliches Lohnsystem auch ein Enteignungsverzicht, der den Unternehmen selber die Möglichkeit bietet, in Arbeitnehmer zu investieren und in den Genuss der Erträge dieser Investition zu kommen. So hat es zum Beispiel ausländische Beobachter immer erstaunt, dass viele deutsche Unternehmen sehr kostspielige Ausbildungs- und Schulungszentren unterhalten, deren Besuch im Allgemeinen weder kostenpflichtig noch an die Bedingung geknüpft ist, sich an das fragliche Unternehmen zu binden – obwohl Teile des Ausbildungsprogramms ganz allgemeiner Natur sind und ihre Erfolge daher auch in anderen Unternehmen genutzt werden können. Die überzeugendste Erklärung dafür ist, dass alle Unternehmen eines Industriezweiges sich auf verbindliche Einstiegsgehälter und Gehaltsentwicklungen verständigt haben. Das garantiert ihnen, dass ihre Auszubildenden nicht nach abgeschlossener Ausbildung von anderen Unternehmen abgeworben werden [Harhoff und Kane, 1994].

Die Besonderheiten des Lohnverhältnisses (unternehmensspezifisches Humankapital, begrenzte Einstellbarkeit durch andere Unternehmen ...) sorgen also dafür, dass ein effizientes Funktionieren des Arbeitsmarktes mitunter bestimmte Formen kollektiver Regulierung erfordert, wie etwa ein verbindliches Lohngefüge für Unternehmen [Piketty, 1994, S. 788–791] und, allgemeiner gesprochen, staatliche Eingriffe, von denen ein Marktversagen hinsichtlich der Berufsausbildung korrigiert wird [Booth und Snower, 1996]. Theoretisch ist daher der Fortbestand verbindlicher Lohngefüge in bestimmten Ländern nicht bloß ein kostspieliges und ineffizientes Mittel, um den Anstieg von Lohnungleichheiten zu verhindern, sondern kann auch Anreize für neue Investitionen in Humankapital schaffen und derart künftige Ungleichheit eindämmen. Gleichwohl können diese Argumente ohne zusätzliche empirische Belege keine systematische Rechtfertigung für zentralisierte Lohngefüge bieten. Es gibt zum Beispiel keine stichhaltigen Belege dafür, dass verbindliche Lohngefüge, mit deren Hilfe bestimmte westliche Länder seit den 1970er-Jahren wachsende Ungleichheit verhindern konnten, auch Investitionen gefördert haben, die für mehr Arbeitsplätze und höhere Löhne in der Zukunft gesorgt hätten.

Die Monopsonmacht der Arbeitgeber. Es hat Tradition, die Monopolmacht der Gewerkschaften anzuprangern, weil sie es ihnen erlaube, die vom Wettbewerb bestimmten Marktlöhne zu beeinflussen. Dass Arbeitgeber zuweilen eine entsprechende Macht ausüben, ist eine unter Ökonomen sehr viel weniger anerkannte Tatsache. Umso verbreiteter ist außerhalb der ökonomischen Zunft das Bild einer Arbeitgeberwillkür, der nur die Macht der Arbeitnehmer mit ihren Gewerkschaften Einhalt gebieten könne. In der Sprache der Ökonomen ist die logische Entsprechung zur Monopolmacht der Gewerkschaften die Monopsonmacht der Arbeitgeber. Von einem Monopson spricht man, wenn es für ein bestimmtes Gut nur einen möglichen Käufer gibt, während ein Monopol vorliegt, wenn es nur einen möglichen Verkäufer gibt. Ein Monopolist kann einen Preis verlangen, der über dem Wettbewerbspreis liegt, auf die Gefahr hin, dass seine Kunden weniger von seinem Produkt kaufen. Ein Monopsonist kann einen Preis zahlen, der unter dem Wettbewerbspreis liegt, auf die Gefahr hin, dass seine Lieferanten ihm weniger von ihrem Produkt verkaufen. Beeinflussung der Wettbewerbspreise, ob zugunsten des Anbieters oder des Abnehmers, führt also immer dazu, dass die Menge der getauschten Güter abnimmt. Im Fall des Arbeitsmarktes wird ein Arbeitgeber mit Monopsonstellung den Arbeitnehmern einen Lohn unterhalb des Marktlohns aufzwingen, auf die Gefahr hin, einige abzuschrecken und so das Beschäftigungsniveau zu senken.

Ein solches Monopson hätte schwerwiegende Folgen für die Umverteilung. Zum einen wäre es wirkungslos, die Lage der Arbeitnehmer durch Fiskaltransfers verbessern zu wollen, da die Arbeitgeber diese Transfers für Lohnsenkungen nutzen und sie sich dadurch aneignen könnten. Eine effiziente Umverteilung bestünde unter diesen Bedingungen darin, den Mindestlohn anzuheben, um den von Unternehmen gezahlten Lohn an die Marktlöhne anzugleichen. Das würde auch das Arbeitsangebot wieder ankurbeln und damit das Beschäftigungsniveau anheben. In diesem Fall wäre also die direkte Umverteilung, den üblichen Schlussfolgerungen entgegen, der fiskalischen Umverteilung überlegen, weil sie das Wettbewerbsgleichgewicht auf dem Arbeitsmarkt wiederherstellen würde, bevor die fiskalische Umverteilung gegebenenfalls die Aufgabe einer weiter reichenden

Umverteilung übernehmen mag. Unter Umverteilungsgesichtspunkten handelt es sich also um die beste aller möglichen Welten, in der sich der Lebensstandard der Arbeitnehmer verbessern und zugleich die Arbeitslosigkeit eindämmen lässt, ohne einen einzigen Cent an Steuereinkommen aufzuwenden.

Unter welchen Bedingungen kann es zu einem Monopson von Arbeitgebern kommen? Immer dann, wenn es unternehmensspezifisches Humankapital gibt und Arbeitnehmer darum mehr oder weniger gezwungen sind, ihre Arbeit einem einzigen Arbeitgeber anzubieten. Mangelnde geografische Mobilität, aber auch fehlende Information über alternative Anstellungsmöglichkeiten bringen manche Arbeitnehmer dazu, sich von der Gunst eines bestimmten Arbeitgebers abhängig zu machen. Eine schlichtere Erklärung für Monopsonmacht wäre die Hypothese, eine bedeutende Zahl von Arbeitgebern oder gar alle hätten sich zusammengetan, um einen niedrigen Lohn zu zahlen, ohne dass ihre Arbeitnehmer von einem besser zahlenden Arbeitgeber abgeworben werden können. Dieses Schreckensbild einer Verschwörung von Arbeitgebern, die den Arbeitnehmern willkürliche Lohnungleichheiten aufzwingen wollen, ist empirisch aber kaum zu belegen. So ist es zum Beispiel offenbar aussichtslos, mit dieser Hypothese die seit den 1970er-Jahren steigende Lohnungleichheit in den Vereinigten Staaten zu erklären. Erstaunlich an diesem Anstieg ist im Gegenteil, dass er auf einem extrem hart umkämpften Arbeitsmarkt stattfand. Die Einkommen von Rechtsanwälten, Ärzten oder Managern sind nicht deshalb seit 1970 sprunghaft angestiegen, weil die Kapitalisten gemeinsam beschlossen hätten, die Arbeitswelt unter sich aufzuteilen, sondern weil Unternehmen wie Privatleute darin gewetteifert haben, sich ihre Dienste zu sichern und sie einander durch immer höhere Vergütungen abzuwerben. Das bedeutet keineswegs, dass man die Ungleichheit der Lebensstandards hinnehmen müsste, zu der diese Entwicklung geführt hat. Und es bedeutet auch nicht, dass diese Entwicklung völlig effizient ist. Aber es bedeutet sehr wohl, dass die Hypothese eines Monopsons der Arbeitgeber ganz einfach nicht das geeignete Modell ist, um die Beobachtungen zu erklären.

Wie eine Anhebung des Mindestlohns das Beschäftigungsniveau verbessert. Dass die globale Entwicklung der Lohnungleichheit nicht aus einem Monopson zu erklären ist, heißt freilich nicht, es gebe keine lokalen Monopsonfälle, insbesondere auf Arbeitsmärkten für gering qualifizierte und geografisch wenig mobile Arbeitskräfte. Seit Beginn der 1990er-Jahre wurde die Debatte darüber durch eine Reihe von Studien zu neuem Leben erweckt, namentlich durch die Arbeiten von Card und Krueger [1995]. Diese Studien haben am Beispiel wiederholter und unterschiedlich hoher Anhebungen des Mindestlohns in verschiedenen US-amerikanischen Bundesstaaten während der 1980er- und 1990er-Jahre überzeugend den Nachweis geführt, dass diese Mindestlohnerhöhungen eine im Allgemeinen positive, in jedem Fall aber sehr schwache Auswirkung auf das Beschäftigungsniveau hatten. Erwähnen wir nur eine berühmte Studie über Schnellrestaurants in New Jersey, in denen nach der Erhöhung des Mindestlohns dieses Bundesstaats die Gesamtbeschäftigung stieg [Card und Krueger, 1995, Kapitel 2]. Larry Katz, Autor einer verwandten Arbeit, war in der ersten Amtszeit Clintons *chief economist* im Arbeitsministerium. Zweifellos haben diese Studien die Entscheidung des Präsidenten beeinflusst, 1996 den Mindeststundenlohn von 4,15 auf 5,20 US-Dollar, also um mehr als 20% anzuheben, nachdem die Kaufkraft des Bundesmindestlohns zwischen 1980 und dem Beginn der 1990er-Jahre um mehr als 25% gefallen war.

Was genau die Gründe dieses positiven Effekts einer Mindestlohnerhöhung sind, ist allerdings umstritten. Hatte im vorliegenden Fall ihre schwache geografische Mobilität die gering qualifizierten Arbeitskräfte dem Lohndiktat eines lokalen Kartells von Schnellrestaurants ausgeliefert, sodass mit der Anhebung des Mindestlohns die Nachfrage nach ihrer Arbeit nicht sank, das Angebot aber dadurch stieg, dass gering qualifizierte Jugendliche motiviert wurden, arbeiten zu gehen – um derart die Theorie des Monopsons in ihrer reinsten Form zu bestätigen? Anderen Studien zufolge war das höhere Beschäftigungsniveau eher der Tatsache geschuldet, dass der verbesserte Mindestlohn qualifiziertere Jugendliche dazu brachte, die *high school* zu verlassen und ihre geringer qualifizierten Altersgenossen zu ersetzen [Neumark und Wascher, 1994].

Wie immer es sich damit verhält – unbestritten bleibt, dass ein so niedriger gesetzlicher Mindestlohn wie der US-amerikanische der ausgehenden 1980er- und beginnenden 1990er-Jahre Arbeitsplätze für gering Qualifizierte so unattraktiv macht, dass eine Anhebung des Mindestlohns dazu beitragen kann, Arbeitsangebot und Beschäftigungsniveau zu verbessern. Sobald es ein Monopson oder firmenspezifisches Humankapital auf dem Arbeitsmarkt gibt, rechtfertigt das, allgemeiner formuliert, die Einführung eines gesetzlichen Mindestlohns, der sicherstellt, dass kein Arbeitgeber eine solche Monopsonstellung über Gebühr ausnutzen kann.

Effizienzlöhne und gerechte Löhne. Wenn es keine Gewerkschaft mit Monopolstellung, keine Arbeitgeber mit Monopsonstellung, keinen Mindestlohn und kein den vollkommenen Wettbewerb beeinträchtigendes Marktversagen gäbe – wären dann die von Unternehmen für verschiedene Arten von Arbeit gezahlten Löhne, wie die reine Theorie des Humankapitals es will, ausschließlich durch das Spiel von Angebot und Nachfrage bestimmt? Die Frage mag absurd anmuten: Sobald es einen Arbeitsmarkt gibt, gibt es auch Gewerkschaften, die so viel wie möglich fordern, Arbeitgeber, die so wenig wie möglich zahlen, und einen Staat, der zwischen beiden vermitteln und seine Umverteilungsmaßnahmen durchsetzen will. Dennoch wäre es hilfreich, zu wissen, ob es die den Gewerkschaften eingeräumten Rechte sind (Streikrecht etc.), die dafür sorgen, dass Arbeitnehmer mitunter mehr als den Marktlohn erhalten, oder ob solche Abweichungen auch ohne jene Rechte zumindest teilweise fortbestünden?

Weshalb sollten in einer Wettbewerbssituation, in der sie nicht weniger als den Marktlohn zahlen können, Arbeitgeber auf den Gedanken kommen, mehr als den Marktlohn zu zahlen? Die Antwort kann nur lauten, dass sie durch Lohnerhöhungen im Austausch mehr von ihren Arbeitnehmern erhalten. Nehmen wir zum Beispiel an, dass es für Arbeitgeber unmöglich ist, ständig zu überwachen, ob ein bestimmter Arbeitnehmer seine Aufgaben sorgfältig erledigt. Ihm mehr als den Marktlohn zu zahlen, mag ihn anspornen, da er dann weiß, dass er etwas verliert, wenn er entlassen wird und bei einem anderen Arbeitgeber unterkommen muss. Und in der Tat sind gerade in Wirtschaftszweigen und Tätigkeitsfeldern, die sich schwer kontrollieren lassen, Lohndifferenzen zu beobachten, die sich nicht durch das jeweilige Humankapital erklären lassen [Krueger und Summers, 1988]. Diese Theorie wird oft herangezogen, um die Arbeitslosigkeit in den europäischen Ländern der 1980er- und 1990er-Jahre zu erklären [siehe zum Beispiel Phelps (1993)], da ihr zufolge das Beschäftigungsniveau sinkt, wenn alle Arbeitgeber höhere Löhne zahlen, um ihre Beschäftigten zu motivieren. Was diese antreibt, ist denn auch die Angst vor der Arbeitslosigkeit, die zwischen zwei Anstellungen droht. Eine bedeutsame Variante dieser Theorie des Effizienzlohns ist die Annahme, unabhängig von der Angst, entlassen zu werden oder einen Teil ihres Einkommens zu verlieren, seien Arbeitnehmer kooperativer, wenn sie ihren Lohn als gerecht empfinden. Wenn das der Fall ist, liegt eine Bezahlung, die diesem gerechten Lohn nahekommt, im Interesse der Firma – auf die Gefahr hin, dass sich das Beschäftigungsvolumen verringert [Akerlof und Yellen, 1990]. Das jeweilige Gerechtigkeitsempfinden spielt häufig eine bedeutende Rolle bei der tatsächlichen Bestimmung des Lohnniveaus [Kahneman et al., 1986; Bewley, 1994]. Arbeitslosigkeit lässt sich dann als Folge eines Verteilungskonflikts fassen – auch ohne Beteiligung der Gewerkschaften. Die Konsequenzen dieses Modells für die Umverteilung liegen auf der Hand: Die fiskalische Umverteilung sollte sich der Umverteilung annähern, die als gerecht empfunden wird, und zugleich die Ineffizienz direkter Umverteilung verringern, indem die Abgabenlast von niedrigen Löhnen auf Unternehmensgewinne und/oder hohe Löhne verlagert wird.

Nationale Traditionen und Lohnungleichheiten. Die Theorie des Humankapitals beruht, selbst wenn sie die Beeinflussung durch Gewerkschaften und Arbeitgeber mitberücksichtigt, auf der Vorstellung, der Beitrag einer bestimmten Qualifikation zum Produktionsprozess lasse sich jederzeit messen, Humankapital sei also stets eine objektiv messbare Größe. Die Beispiele für Diskriminierung und firmenspezifisches Humankapital haben bereits gezeigt, dass die Dinge so einfach häufig nicht sind. Messungen der Produktivität unterschiedlicher Humankapitalniveaus haben, allgemeiner gesprochen, eine erhebliche Schwankungsbreite, in der sich unterschiedliche Auffassungen von Ungleichheit aussprechen, die oft eng mit der nationalen Geschichte verbunden sind.

So wächst zum Beispiel, wie Rothemberg [1996] gezeigt hat, die Lohnungleichheit, wenn Arbeitnehmer glauben, ihre Arbeitgeber seien in der Lage, ihre Produktivität exakt zu bewerten, da diejenigen, die schlecht bewertet werden, sich dann in ihr Schicksal fügen, während diejenigen, die gut bewertet werden, mit Kündigung drohen, um ihren Lohn in die Höhe zu treiben. Dieser völlig dezentralisierte Prozess mag erklären, weshalb die angelsächsischen Länder, in denen der «Glaube an den Kapitalismus» sich seit den 1970er-Jahren gefestigt hat, auch die Länder sind, in denen die Lohnungleichheit am stärksten zugenommen hat. Dass der Anstieg der Lohnungleichheit in den Vereinigten Staaten seit den 1970er-Jahren die spezifische Form einer wahren Explosion der Vergütungen von Spitzenmanagern angenommen hat [Godsbee, 1997; Feenberg und Poterba, 2000], scheint für die Triftigkeit dieser Theorie zu sprechen. Es ist kaum anzunehmen, die tatsächliche Produktivität der fraglichen Manager sei mit einem Mal so sprunghaft gewachsen.

So wird sich auch schwerlich erklären lassen, weshalb ein Land wie Frankreich mit einem P90/P10-Verhältnis von 4,2 im Jahr 1967 gegen Ende der 1960er- und zu Beginn der 1970er-Jahre das westliche Land mit der massivsten Lohnungleichheit war, ohne auf gewisse Besonderheiten der französischen Wahrnehmung von Ungleichheit einzugehen. Das Phänomen hat ganz sicher nicht damit zu tun, dass die Ungleichverteilung von Humankapital in Frankreich damals tatsächlich größer war als irgendwo sonst. Es hat dagegen durchaus etwas mit einer extremen Form des «republikanischen Elitismus» zu tun. Auch wenn er nie als solcher anerkannt wird, wie die zutiefst beleidigte Reaktion der französischen Regierung auf einen OECD-Bericht zeigt, der Frankreich die höchste Ungleichheit unter den westlichen Staaten bescheinigt hatte – dieser Elitismus neigt zu dem Glauben, ein wahrer Abgrund der Produktivität trenne eine Führungskraft, die eine der großen Eliteschulen besucht hat, von einem einfachen Arbeiter. Und da schließlich beide Zugang zur *école républicaine* hatten, wird Chancengleichheit unterstellt, zumal man gleichzeitig darüber hinwegsieht, dass die Ausbildung von Absolventen der *École Polytechnique* etwa zehnmal mehr kostet als ein durchschnittliches Studium. Dieser französische Glaube an die Bildungsmeritokratie spricht sich auch darin aus, dass die Hierarchie der Löhne, die man je nach Ausbildung erhält, außerordentlich starr ist, verglichen mit einer zum Beispiel in Deutschland sehr viel höheren Lohnmobilität.

So gering diese nationalen Unterschiede, verglichen mit denen zwischen historischen Ungleichheitsniveaus, sind, so sehr erregen sie die Aufmerksamkeit zeitgenössischer Beobachter. Obwohl sie mitunter tatsächlich auf institutionelle Differenzen zwischen den Ländern zurückgehen, wie der Unterschied zwischen dem deutschen Ausbildungssystem und dem Elitismus der Bildungsausgaben in Frankreich zeigt, werden sie häufig dramatisiert und verzerrt durch besondere Wahrnehmungsweisen, die für die jeweilige Gesellschaft typisch sind. Hinter ihnen stehen ebenso viele nationale Geschichten der Ungleichheit, die von der Theorie des Humankapitals nicht erklärt und von der fiskalischen Umverteilung nicht wirklich beeinflusst werden können.

Neuere Untersuchungen haben zudem gezeigt, dass der starke Anstieg der US-amerikanischen Lohnungleichheit seit den 1980er-Jahren größtenteils auf einen spektakulären Höhenflug der Vergütung von Führungskräften zurückgeht, der kaum durch eine sprunghaft gestiegene Produktivität der Betreffenden zu erklären ist. Eine plausiblere Erklärung liegt in der wachsenden Verhandlungsmacht der fraglichen Führungskräfte und der Tatsache, dass sie ihr Gehalt weitgehend selber bestimmen dürfen. Die starke Senkung des Spitzensatzes der Einkommensteuer, der zwischen 1930 und 1980 in den Vereinigten Staaten

70–80% und mehr erreicht hatte, hat diese Entwicklung noch beflügelt – ein interessantes Beispiel dafür, dass die Besteuerung von Einkommen sich auf die Bildung dieser Einkommen selber und damit auf die Einkommensungleichheit vor Steuern auswirken kann [Piketty, 2013; Piketty, Saez und Stantcheva, 2014].

4. Instrumente der Umverteilung

Die beiden vorangegangenen Kapitel haben zu zeigen versucht, wie wichtig es ist, die sozio-ökonomischen Mechanismen zu verstehen, die Ungleichheit hervorbringen, um herauszufinden, mit welchen Umverteilungsinstrumenten man ihr begegnen kann. Dieses Kapitel vertieft im Lichte gegenwärtiger Erfahrungen die Analyse einiger der wichtigsten dieser Instrumente und die schon mehrfach berührte Unterscheidung zweier Umverteilungstypen, der reinen und der effizienten Umverteilung.

Reine Umverteilung

Das bevorzugte Instrument reiner Umverteilung ist die fiskalische Umverteilung, mit der sich die von der Ungleichheit des Startkapitals und den Kräften des Marktes hervorgebrachte Einkommensungleichheit durch Abgaben und Transfers korrigieren, die allokative Funktion des Preissystems aber so weit wie möglich erhalten lässt. Wir konzentrieren uns hier auf die fiskalische Umverteilung von Arbeitseinkommen. Besteuerung und Umverteilung von Kapitaleinkommen, die ohnehin weniger ins Gewicht fallen als Erwerbseinkommen, sind mit spezifischen Problemen verbunden, auf die wir in Kapitel 2 bereits eingegangen sind.

Durchschnitts- und Grenzabgabensätze der Umverteilung. Wie lässt sich messen, in welchem Umfang die heutigen Staaten umverteilen? Tatsächlich ist die moderne fiskalische Umverteilung ein komplexes Zusammenspiel von Abgaben (Einkommensteuer, Mehrwertsteuer, Sozialabgaben ...), Transferleistungen (Familienbeihilfe, Arbeitslosengeld, Grundsicherung, Altersrente ...) und Ausgaben, die unmittelbar vom Staat getätigt werden (Gesundheit, Bildung ...). Ein Indikator, der häufig verwendet wird, um den Umfang aller Abgaben zu schätzen, ist die Summe dieser Abgaben in Prozent des BIP. Danach belaufen sich etwa die Pflichtabgaben auf 30–35% des US-amerikanischen oder britischen BIP, auf 45–50% des deutschen oder französischen BIP und auf 60–70% des skandinavischen BIP. Ein solches Ergebnis ist aber ganz unzulänglich, da es uns nichts darüber verrät, wie Abgaben, Transfers und Ausgaben verteilt werden. Zudem sind die Zahlen aufgrund unterschiedlicher Buchführungskonventionen in den verschiedenen Ländern völlig unvergleichbar. Auch werden etwa in Schweden wie in fast allen nordischen Ländern Altersrenten und die meisten anderen vom Staat gezahlten Transfereinkommen wie sonstige Einkommen besteuert, was die Abgabenlast auf ganz artifizielle Weise um fast 10% in die Höhe treibt. Das ist so, als wollte man in Frankreich eine Erhöhung der Renten bloß durch Erhöhung der Abgabenlast auf Renten finanzieren, was an der tatsächlichen Umverteilung nicht das Mindeste änderte.

Die einzige Möglichkeit, die fiskalische Umverteilung korrekt zu messen, besteht darin, die realen Durchschnitts- und Grenzsätze der Abgaben und Transferleistungen zurate zu ziehen. Der effektive Durchschnittsabgabensatz für ein bestimmtes Einkommensniveau ist definiert als Summe aller Abgaben und Transfers, ausgedrückt in Prozent des Bruttoeinkommens, das heißt des Gesamteinkommens vor Abgaben und Transfers. Er kann je nach Einkommensniveau positiv oder negativ sein, abhängig davon, ob die Summe der gezahlten Abgaben höher oder niedriger ist als die Summe der erhaltenen Transferleistungen. Der effektive Grenzabgabensatz ist definiert als Summe aller zusätzlichen Abgaben und Transferleistungen, die ein Individuum zahlt oder erhält, wenn es von einem Einkommensniveau zu einem anderen wechselt, ausgedrückt in Prozent des Bruttoeinkommens. Ein Grenzabgabensatz ist im Allgemeinen positiv, da ein Bruttoeinkommenszuwachs im Allgemeinen zu einer Abgabenerhöhung führt, aber er könnte prinzipiell auch negativ sein, zum Beispiel dann, wenn ein höheres Einkommen mit höheren Transferleistungen, also niedrigeren effektiven Abgaben verbunden wäre.

Zu den effektiven Durchschnitts- und Grenzabgabensätzen kommt man nur, wenn der Zähler alle Abgaben und Transferleistungen oder zumindest die wichtigsten erfasst. So ist es insbesondere unerlässlich, sämtliche Sozialabgaben, einschließlich der Arbeitgeberbeiträge zu berücksichtigen. Wie wir gesehen haben, führen Arbeitgeberbeiträge zu keiner Umverteilung von Kapital zu Arbeit und werden letztlich stets von der Arbeit bezahlt (siehe Kapitel 2). Idealiter müsste man auch nicht-monetäre Transferleistungen in Gestalt öffentlicher Ausgaben berücksichtigen; wir kommen darauf zurück. Grafik 2 (in der hinteren Umschlagklappe) zeigt die effektiven Durchschnitts- und Grenzabgabensätze für die unterschiedlichen Dezile in Frankreich im Jahr 1996 unter Berücksichtigung der Einkommensteuer, der Sozialabgaben und Sozialleistungen (Grundsicherung, Wohngeld …) für einen Alleinstehenden [Piketty, 1997].

Fehlende Umverteilung zwischen Arbeitnehmern. Aus Grafik 2 geht zunächst hervor, dass die effektiven Durchschnittsabgabensätze für alle Lohnniveaus positiv sind. Abgesehen von sehr geringen Wohngeldzuschüssen, erhält ein kinderloser Arbeitnehmer keine direkten monetären Transfers. Aber auch für Geringverdiener mit Kind wären die effektiven Durchschnittsabgabensätze positiv, da Familienzulagen stets sehr viel geringer ausfallen als Abgaben, solange die Zahl der Kinder nicht sehr hoch ist. Vor allem aber zeigt Grafik 2, dass die effektiven Durchschnittsabgabensätze sich mit dem Einkommensniveau nur geringfügig ändern. Sie liegen bei 45 % für die am schlechtesten bezahlten 10–20 %, bei 55 % für die am besten bezahlten 10–20 % und ansonsten bei etwa 50 %. Der Grund dafür ist einfach: Die Proportionalität der Sozialabgaben fällt sehr viel stärker ins Gewicht als die Progressivität der Einkommensteuer. Der Arbeitnehmerbeitrag zur Krankenversicherung zum Beispiel, den vom Mindestlohnempfänger bis zum Spitzenmanager jeder

Arbeitnehmer zahlen muss, belief sich 1996 auf 6,8 % des Bruttolohns, also 8,5 % des Nettolohns. Diese 8,5 % des Nettolohns entsprechen der Einkommensteuer, die 1996 ein Paar mit einem Kind und einem Monatseinkommen von 20 000 Francs zahlen musste. Die 6,8 % des Arbeitnehmerbeitrags zur Krankenversicherung machen aber kaum 10 % der Sozialabgaben aus, die sich insgesamt auf etwa 65 % des Bruttolohns belaufen (von denen 20 % durch Arbeitnehmerbeiträge und 45 % durch Arbeitgeberbeiträge beglichen werden).

Diese Schlussfolgerung hätte auch für Haushalte mit mehreren Kindern Bestand. Natürlich machen Familienzulagen bei Haushalten von Geringverdienern einen größeren Prozentsatz aus. Aber das französische System des Familienquotienten führt zu einer Einkommensteuersenkung, die wiederum bei hohen Gehältern stärker ins Gewicht fällt, sodass die Kurve der effektiven Durchschnittsabgabensätze relativ flach bleibt. Gewiss kann der Durchschnittsabgabensatz, wie aus der Spalte «unendliches Einkommen» in Grafik 2 zu ersehen, für sehr hohe Einkommen (über 700 000 Francs pro Jahr), die oberhalb sämtlicher Höchstgrenzen für Ermäßigungen und den Familienquotienten liegen und unter den 1996 geltenden Spitzensteuersatz von 56,8 % fallen, auf bis zu 70 % steigen. Aber das betrifft so wenige Haushalte, dass dieser Spitzensatz der Einkommensteuer keine finanzielle Relevanz besitzt, die auch nur annähernd mit der symbolischen Bedeutung vergleichbar wäre, mit der er in politischen Auseinandersetzungen häufig aufgeladen wird. An der fundamentalen Tatsache, die in Grafik 2 dargestellt ist, nämlich am Fehlen jeder substanziellen Umverteilung zwischen Erwerbstätigen, ändert er wenig. Eine Berücksichtigung der anderen proportionalen Abgaben und namentlich der Mehrwertsteuer, die zweimal mehr ins Gewicht fällt als die Einkommensteuer, würde diese Schlussfolgerung noch bekräftigen.

Diese Beobachtungen werfen ein Licht auf das Hauptcharakteristikum der gegenwärtigen fiskalischen Umverteilung in allen westlichen Ländern, jenseits nationaler institutioneller Besonderheiten: Das gegenwärtige Verfahren führt zu keiner signifikanten monetären Umverteilung zwischen Erwerbstätigen. Ihre

Besteuerung ist insgesamt proportional, und die Transfers sind insgesamt geringfügig, sodass die Einkommensunterschiede zwischen verfügbaren Einkommen von Erwerbstätigen sehr nah an den Unterschieden zwischen den Löhnen liegen, die von Unternehmern gezahlt werden. Wie wir in Kapitel 1 gesehen haben, sind es die Länder mit geringen Lohnunterschieden, in denen auch die Einkommensunterschiede gering sind, und umgekehrt – und nicht die Länder, in denen eine fiskalische Umverteilung eine zunächst hohe Lohnungleichheit reduziert hätte. Neben den traditionellen Ausgaben (Justiz, Verteidigung, Straßenbau etc.), finanziert diese durchweg proportionale Besteuerung im Wesentlichen Transferleistungen zugunsten von Arbeitslosen, Bildungsausgaben und vor allem Altersrenten und Gesundheitsausgaben. Ein Teil dieser Ausgaben mag zuweilen eher den Erwerbstätigen am unteren Ende der Lohnskala zugutekommen, aber das ist keineswegs die Regel – wir kommen darauf zurück.

Die U-Kurve der Grenzabgabensätze. Anhand der effektiven Durchschnittssätze der Abgaben und Transfers lässt sich die tatsächlich vorgenommene Umverteilung messen, aber um die Wirkung dieser Umverteilung auf individuelles Verhalten einzuschätzen, sind die effektiven Grenzabgabensätze aufschlussreicher. Grafik 2 zeigt, dass sie für niedrige und hohe Einkommen höher sind als für mittlere und darum eine recht ausgeprägte U-Kurve beschreiben. Dass die Grenzabgabensätze für hohe Einkommen steigen, ist nicht überraschend – die hohen Einkommen unterliegen den höchsten Einkommensteuersätzen. Dass aber die Grenzabgabensätze auch für niedrige Löhne so hoch sind, liegt daran, dass der Übergang von gar keinem zu einem niedrigen Lohn nicht nur mit Abgaben auf das neue Einkommen, sondern auch mit dem Verlust der Sozialtransfers einhergeht, die denen vorbehalten sind, die kein Arbeitseinkommen haben. Nehmen wir das Beispiel eines französischen Arbeitslosen, der Grundsicherung und Wohngeld in Höhe von 530 Euro im Monat bezieht, und dem es gelingt, einen Arbeitgeber zu finden, der 1370 Euro monatlich für seine Dienste zu zahlen bereit ist. Nach

Abzug aller Sozialabgaben wird der Arbeitnehmer kaum mehr als 760 Euro monatlich zurückbehalten. Anders gesagt: Sein Bruttoeinkommen wird von 0 auf 1370 Euro, sein verfügbares Einkommen von 530 auf 760 Euro monatlich steigen. Der Arbeitnehmer wird demnach von den 1370 Euro nur 230 Euro zusätzliches Einkommen zurückbehalten, also weniger als 20%, was den in Grafik 2 dargestellten effektiven Grenzabgabensatz von mehr als 80% für das unterste Dezil der Lohnverteilung ergibt. Andere Lebensumstände (Kinder, Arbeitslosengeld ...) würden zu leicht veränderten Zahlen führen, aber der effektive Grenzsatz läge stets bei 80–90%, ja manchmal über 100% [siehe Piketty, 1997, für genauere Berechnungen].

Tatsächlich sind es die niedrigsten Löhne, die von den höchsten effektiven Grenzabgabensätzen belastet werden: Ein alleinstehender Arbeitnehmer, der vom neunten ins zehnte Dezil der Lohnverteilung aufsteigt, hat einen Grenzabgabensatz von etwa 60% und selbst bei einem «unendlichen» Einkommen der obersten Einkommensteuerstufe von höchstens 70% zu gewärtigen (immer vorausgesetzt, er kommt nicht in den Genuss besonderer Steuervergünstigungen) – gegenüber einem Grenzabgabensatz von 80%–90% beim Übergang von der Beschäftigungslosigkeit zum untersten Dezil der Lohnverteilung. Diese U-Kurve der effektiven Grenzabgabensätze, mit Scheitelpunkten am unteren Ende der Kurve, ist das zweite Hauptcharakteristikum der gegenwärtigen fiskalischen Umverteilung. Und einmal mehr ist es ein Charakteristikum, das allen westlichen Ländern gemein ist. Transferleistungen sollen denen vorbehalten bleiben, die kein Erwerbseinkommen haben, unter Ausschluss der Geringverdiener – das ist, zumindest scheinbar, die kostengünstigste Weise, Armut zu bekämpfen. Dieser Logik hat noch jede Einführung solcher Wohlfahrtssysteme gehorcht.

Gerechte fiskalische Umverteilung. Sind die von den Durchschnitts- und Grenzabgabensätzen beschriebenen Kurven unter dem Gesichtspunkt sozialer Gerechtigkeit optimal? Sollten sie für verschiedene Einkommensgruppen angehoben oder gesenkt werden? Die Antwort auf diese Fragen hängt weitgehend davon ab, wie stark die negativen Auswirkungen hoher Umverteilungsraten auf Arbeitsanreize und Humankapitalangebot und schließlich auf die Umverteilung selber ausfallen. Über die Grundabsichten der reinen Umverteilung herrscht tatsächlich relativ große Einigkeit. Gerecht ist die Umverteilung, die im Sinne des Maximin-Prinzips von Rawls (siehe Einleitung) die größtmögliche Verbesserung der Chancen und Lebensumstände der am stärksten Benachteiligten zeitigt. Natürlich bleibt es strittig, wer genau die am stärksten Benachteiligten sind – was in einer Welt, in der Individuen sich in den vielfältigsten Hinsichten voneinander unterscheiden, nicht immer leicht zu entscheiden ist. Das wirft Probleme auf, die zuletzt die Definition sozialer Verantwortung und Gerechtigkeit selber betreffen, wie neuere Entwicklungen der Theorie der Gerechtigkeit belegen [Fleurbaey, 1995; Roemer, 1996].

Die pragmatische Konzeption sozialer Gerechtigkeit, wie sie das Maximin-Prinzip zum Ausdruck bringt, demzufolge Ungleichheit dann annehmbar ist, wenn jede weitere Umverteilung gegen das Interesse der am stärksten Benachteiligten wäre, hat ihrerseits prinzipielle Einwände auf sich gezogen, die sich insbesondere gegen das Verständnis des Preissystems und des individuellen Egoismus als tragfähige Organisationsprinzipien einer Wirtschaft richten. Untersuchungen über individuelle Einstellungen zu sozialer Gerechtigkeit und Umverteilung zeigen indessen eine relative Einigkeit darüber, dass Ungleichheit aufgrund von Faktoren, die sich der Kontrolle des Individuums entziehen, so weit wie möglich korrigiert werden sollte. Tiefe Uneinigkeit herrscht dagegen über die Handlungen, die individueller Kontrolle unterstehen, und über die Frage, inwiefern sich Umverteilung anreizmindernd auswirkt [Piketty, 1995]. Es ist dieser Konflikt, der uns im Folgenden beschäftigen soll: Wie stark sind solche anreizmindernden Auswirkungen der Umverteilung?

Senken zu hohe Steuern die Steuereinnahmen? Die Vorstellung, dass hohe Steuersätze niemandem und schon gar nicht den Benachteiligten nützen, weil sie die Anreize für «Leistungsträger», mit ihnen aber die Steuereinnahmen senken, erfreute sich in den Vereinigten Staaten der 1980er-Jahre größter Beliebtheit. Tatsächlich begannen alle westlichen Länder, sich zu fragen, ob ihre Umverteilungssysteme nicht an ihre Grenzen gestoßen seien, und traten nach dem sehr raschen Anstieg der vorhergehenden Jahrzehnte in eine Phase der Stabilisierung ihres Steuerniveaus ein. Die spektakulärste Gestalt nahm diese Umkehr in den Vereinigten Staaten an, wo der Spitzensatz der Einkommensteuer von 70% gegen Ende der 1970er-Jahre auf 28% im Jahr 1986 zurückging.

Traditionelle empirische Schätzungen der Elastizität des Arbeitsangebots kommen allerdings im Allgemeinen zu dem Schluss, dass sie bei extrem niedrigen 0,1–0,2 liegt [Blundell, 1995]. Gewiss messen diese Untersuchungen die Elastizität des Arbeitsangebots und nicht die Elastizität des Humankapitalangebots als solche. Sie berücksichtigen nur die Auswirkung des Steuersatzes auf die Anzahl der Arbeitsstunden, die für die Mehrheit der Erwerbstätigen mehr oder weniger unverändert bleibt, und nicht die Auswirkung auf die Motivation oder Effizienz der Arbeitnehmer oder die Anreize dafür, mehr Humankapital zu erwerben oder sich beruflich zu verbessern – alles Anreize, die potenziell sehr viel bedeutsamer sind und von denen man sich kaum vorstellen kann, dass sie sich nicht verändert haben, auch wenn sie sich nur sehr schwer korrekt messen lassen. Die Tatsache zum Beispiel, dass der Anteil einer Altersklasse, der sich für ein Hochschulstudium entscheidet, zwischen 1975 und 1980 um 15% abnahm, nachdem die Rendite eines Hochschulabschlusses um 15% gefallen war, bevor sie in den 1980er-Jahren wieder um 10% stieg [Ehrenberg und Smith, 1994, S. 289], lässt keine genaue Schätzung der Elastizität des Humankapitalangebots zu, auch wenn sie einen Hinweis darauf gibt, dass das Angebot bei einem Wertverlust der Berufsaussichten nicht unverändert hoch bleiben kann.

Eine vergleichende Untersuchung hoher Einkommen, die vor und nach der US-amerikanischen Steuerreform von 1986 bei der Einkommensteuer angegeben wurden, kommt zu dem Schluss, dass der durch die Senkung des Spitzensteuersatzes geschaffene Anreiz erheblich war, mit einer Elastizität von etwa 1 [Feldstein, 1995]. Aber diese Schätzung betrifft nur die sehr hohen Einkommen. Und es scheint zudem, dass ein Großteil der gemessenen Auswirkungen auf einen Transfer von Einkommen, die der Körperschaftsteuer unterliegen, zu Einkommen, die der privaten Einkommensteuer unterliegen, und nicht darauf zurückgeht, dass durch stärkere Anreize, härter zu arbeiten und Humankapital zu erwerben, neues Einkommen geschaffen wurde [Slemrod, 1995]. Solche Transfers zwischen verschiedenen Einkommensarten sind typisch für hohe Einkommen, deren Entwicklung daher mit größter Vorsicht zu betrachten ist. Der US-amerikanische Spitzeneinkommensteuersatz ist im Übrigen zwischen 1986 und 1993 von 28% auf 39% gestiegen, ohne dass dies den Anstieg der hohen Einkommen nach 1993 spürbar gehemmt hätte [Goolsbee, 1997]. Die französischen Erfahrungen scheinen die Resultate von Goolsbee zu bestätigen. Ein besonders aufschlussreiches «Realexperiment» ist die Deckelung des Familienquotienten, die 1981 eingeführt wurde. Sie hat tatsächlich zu einem starken Anstieg der Spitzensteuersätze für wohlhabende Familien geführt, während die Steuerklasse von Alleinstehenden und kinderlosen Paaren des gleichen Einkommensniveaus unverändert blieb. Eine sorgfältige Prüfung der Steuerdaten zeigt, dass unabhängig vom Familienquotienten, also auch unabhängig davon, welchen Spitzensteuersätzen sie unterliegen, die hohen Einkommen sich mehr oder weniger auf die gleiche Weise entwickelt haben [Piketty, 1999].

In Wahrheit weist die Tatsache, dass die Grenzsteuersätze für geringe Einkommen höher sind als für mittlere und hohe Einkommen (Grafik 2), ebenso wie der aktuelle Kenntnisstand zur Elastizität des Arbeitsangebots darauf hin, dass die anreizmindernden Auswirkungen der Umverteilung, besonders auf die Spitze der Einkommenshierarchie, traditionell stark überschätzt wurden. Sie lassen denn auch keine Aussage darüber zu, ob die modernen Umverteilungssysteme an ihre Grenze gestoßen sind oder nicht. Schätzungen, die in zahlreichen Ländern zur Auswirkung hoher Grenzabgabensätze auf die Teilnahme vormals unbeschäftigter Bevölkerungsgruppen (Jugendliche, Alleinstehende, verheiratete Frauen) am Arbeitsmarkt vorgelegt wurden, haben mit Werten zwischen 0,7 und 1,2 stets sehr viel höhere Elastizitäten ergeben als für den Fall bereits beschäftigter Bevölkerungsgruppen [Blundell, 1995, S. 59] (siehe zu einer neueren Auswertung französischer Daten Piketty [1998]). Offenbar ist die Aussicht auf ein ordentliches Einkommen für Geringverdiener ein größerer Anreiz als die Aussicht auf ein noch höheres Einkommen für jemanden, der schon gut verdient. Die Angst vor der «Armutsfalle» scheint, anders gesagt, stärker als die Angst vor einem mittelmäßigen Einkommen zu sein. Die sehr rasche Entwicklung des *Earned Income Tax Credit* in den Vereinigten Staaten seit 1990 hat das Ihre dazu getan, diese Debatte wieder aufleben zu lassen.

Der Earned Income Tax Credit in den Vereinigten Staaten. Der EITC, das «Steuerguthaben auf Erwerbseinkommen» ist ein Fiskaltransfer, der Geringverdienern zugutekommt. 1975 auf bescheidenem Niveau eingeführt, ist er seit Beginn der 1990er-Jahre ein integraler Bestandteil der US-amerikanischen Fiskal- und Sozialpolitik. Nach mehreren bedeutenden Erhöhungen, insbesondere 1993, belief sich der EITC 1996 auf 40% des Erwerbseinkommens, sofern dieses unter 9000 US-Dollar jährlich lag, und blieb zwischen 9000 und 12000 US-Dollar stabil, um zwischen 12000 und 29000 US-Dollar progressiv auf einen Satz von 20% zu sinken. Anders gesagt: Ein Arbeitnehmer, der 9000 US-Dollar jährlich verdient, was in etwa dem Mindestlohn bei Vollzeitbeschäftigung entspricht, erhält ein Steuerguthaben in Höhe von 40% seines Einkommens, also 3600 US-Dollar. Dieses Steuerguthaben ist rückzahlbar, das heißt, der Betreffende erhält einen Scheck in Höhe der Differenz zwischen diesem Guthaben und seiner Steuerschuld, die auf diesem Einkommensniveau stets bei unter 10% liegt. Damit steigt das verfügbare Nettoeinkommen um mehr als 30%. Ganz wie die Erhöhung des Mindestlohns im Jahr 1996 spricht sich in dieser Maßnahme der Versuch der Vereinigten Staaten aus, Niedriglohnarbeit attraktiver zu machen. Die rasche Erhöhung des EITC-Satzes und vor allem die Tatsache, dass er in voller

Höhe Geringverdienern mit mindestens zwei Kindern vorbehalten bleibt, hat es möglich gemacht, verlässliche Angaben zu den außerordentlich starken positiven Auswirkungen dieser Maßnahme, die Elastizitäten von etwas über 1 entsprechen, auf das Beschäftigungsniveau der betroffenen Gruppen zu machen [Eissa und Liebman, 1996; Liebman, 1996].

Räumen wir also ein, dass die anreizmindernden Auswirkungen der Umverteilung am unteren Ende der Einkommenshierarchie stärker sind als an ihrer Spitze. Daraus folgt insbesondere, dass die U-Kurve der Grenzabgabensätze, die traditionell dazu dienen sollte, die Umverteilung auf die Ärmsten zu konzentrieren, vielleicht nicht die erfolgreichste Strategie ist. Würde man den ersten Teil der U-Kurve abschaffen, also die Abgaben senken, die auf niedrigen Einkommen lasten, um sie auf mittlere und hohe Einkommen umzuschichten, wo die Elastizitäten geringer sind, so könnte man einen umfänglicheren Transfer zugunsten derer finanzieren, die keine Arbeit finden. Das würde die Lage der am stärksten Benachteiligten verbessern und in diesem Sinne die Umverteilung gerechter machen. Das Fehlen jeder substanziellen fiskalischen Umverteilung unter Arbeitnehmern ist also auch für Arbeitslose verhängnisvoll. Die Erfahrungen mit dem EITC zeigen, dass eine Abflachung des ersten Teils der U-Kurve vielleicht ein vordringlicheres Ziel ist als die in politischen Auseinandersetzungen häufig diskutierte Senkung der Grenzabgabensätze an der Spitze der Einkommenshierarchie.

Fiskalische Umverteilung gegen Arbeitslosigkeit? Die Erfahrungen mit dem EITC in den Vereinigten Staaten werfen auch die allgemeinere Frage nach der Rolle der fiskalischen Umverteilung im Kampf gegen die Arbeitslosigkeit auf. Könnten die Erfolge des EITC auch in einem Land wie Frankreich erzielt werden? Die Tatsache, dass die Niedriglöhne in den Vereinigten Staaten und nicht in Frankreich eingebrochen sind, könnte eher den Schluss nahelegen, in Frankreich gehe es nicht darum, Niedriglohnarbeit attraktiver zu machen und «Armutsfallen» zu vermeiden. Man sollte indessen die vermeintliche Kluft zwischen französischen und US-amerikanischen Niedriglöhnen nicht überschätzen. Gewiss, in den Vereinigten Staaten sind die Niedriglöhne, und das ist ein historisch einzigartiger Vorgang, seit den 1970er-Jahren in absoluten Zahlen gefallen. Aber sie waren ursprünglich höher als in Frankreich, sodass 1996, nach der Erhöhung des US-amerikanischen Bundesmindestlohns, der Nettomindestlohn in den Vereinigten Staaten und in Frankreich durchaus vergleichbar sind. Am 1. Januar 1997 lag der Mindestlohn in Frankreich brutto bei 38 Francs und netto, nach Abzug der Sozialabgaben, bei 29,7 Francs pro Stunde (5018 Francs pro Monat), der US-amerikanische Bundesmindestlohn brutto bei 5,20 US-Dollar und nach Abzug der 7,5 % der US-amerikanischen Sozialabgaben bei 4,81 US-Dollar netto die Stunde.

Bei einem Wechselkurs von 5,50 Francs für einen US-Dollar, was zweifellos eine etwas zu schwache Schätzung der US-amerikanischen Kaufkraft ist, und ohne Berücksichtigung des EITC, der zu einer substanziellen Erhöhung des verfügbaren Einkommens US-amerikanischer Geringverdiener führt, ergibt sich also ein Mindestlohn von 26,5 Francs in den Vereinigten Staaten gegenüber 29,7 Francs in Frankreich. Natürlich kommen Geringverdiener in Frankreich in den Genuss von Sachleistungen (Gesundheit, Bildung), die es in den Vereinigten Staaten nicht oder nur in geringerem Ausmaß gibt, aber das gilt auch für Arbeitslose und ändert also nichts an der Frage der Arbeitsanreize, um die es uns hier geht. Es ist daher nicht ausgemacht, dass die Frage nach der Anhebung des verfügbaren Einkommens von Geringverdienern und nach der «Armutsfalle» sich in Frankreich nicht stellt.

Aber der fundamentale Unterschied liegt offenbar darin, dass es in den Vereinigten Staaten mehr Stellenangebote, also eine höhere Nachfrage nach Arbeit als in Frankreich gibt. Ein Erklärungsmoment lässt sich kaum leugnen: Die Mindestlöhne in beiden Ländern liegen zwar nah beieinander, aber die «Superbrutto»-Mindestlöhne, die sich ergeben, wenn man alle Arbeitgeberbeiträge mitberücksichtigt, unterscheiden sich ganz erheblich. Die US-amerikanischen Arbeitgeberbeiträge belaufen sich 1996 auf 7,5 %, wodurch sich für die Arbeitgeber ein Mindestlohn von 5,59 US-Dollar oder 30,7 Francs ergibt, während sie

1993 in Frankreich bei 44,8% lagen. Das ergibt für die Arbeitgeber einen Mindestlohn von 55 Francs, der infolge der seit 1993 vorangetriebenen Senkung der Sozialabgaben im Niedriglohnbereich bis zum 1. Januar 1997 auf 48,1 Francs zurückgeht. Darum haben sich die französischen Strategien der Bekämpfung von Arbeitslosigkeit durch fiskalische Strukturreformen seit Ende der 1970er-Jahre darauf konzentriert, eher die Nachfrage als das Angebot von Niedriglohnarbeit anzukurbeln. Ihr Ziel war es, die relativen Kosten von Niedriglohnarbeit durch fortschreitende Umschichtung der Arbeitgeberbeiträge von niedrigen auf höhe Löhne zu senken (siehe Kapitel 3). Diese Strategie hat es tatsächlich möglich gemacht, die Abgabenlast auf Arbeit etwas progressiver zu gestalten, obwohl sie relativ «flach» bleibt und obwohl die Senkung der die Niedriglöhne belastenden Arbeitgeberbeiträge von 1993 bis 1996 sich viel zu sehr auf die sehr niedrigen Löhne konzentriert hat. Das geht mit der Gefahr der Entstehung von «Niedriglohnfallen» einher, da die Kosten für Arbeitgeber sehr rasch ansteigen, wenn er das Nettogehalt des Arbeitnehmers erhöhen will [Piketty, 1997].

Ob man nun das Angebot oder die Nachfrage von Arbeit zu beeinflussen sucht – in welchem Umfang kann eine solche Strukturreform der fiskalischen Umverteilung zum Abbau von Arbeitslosigkeit beitragen? Wenn diese Umschichtung der Arbeitgeberbeiträge systematisch und allgemein, also nicht auf bestimmte Kategorien von Arbeitnehmern und Arbeitgebern beschränkt ist, dann werden nach allem, was wir wissen, die langfristigen Auswirkungen «erheblich» sein. Aber was heißt «erheblich»? Das Problem ist, dass die Elastizität von Angebot und Nachfrage, auf die diese Strategien setzen, zwar nicht völlig zu vernachlässigen ist, aber leider tendenziell bei 1 oder darunter liegt. Das führt dazu, dass das Steueraufkommen, das es zu bewegen gilt, um einen Arbeitsplatz zu schaffen, an den Marktwert dieses Arbeitsplatzes grenzt, also an die Kosten, die ein Arbeitsplatz dem Arbeitgeber verursacht. Es ist daher eine verlockende Schlussfolgerung, der Staat könnte für diese Kosten selber aufkommen, indem er öffentliche Stellen schafft, wie es etwa die skandinavischen Länder getan haben, um dem Anstieg der Arbeitslosigkeit in den 1980er-Jahren zu begegnen. Oder er könnte eine Arbeitsplatzteilung verfügen, indem er die Arbeitszeit verkürzt und die gesunkene Kaufkraft der Geringverdiener kompensiert. All diese Maßnahmen würden pro geschaffenem Arbeitsplatz keine größeren Kosten verursachen. Bleibt freilich ein gewichtiger Unterschied: Einer Stelle in der Privatwirtschaft entspricht eine Verbrauchernachfrage, während zuweilen unklar bleibt, welchen Beitrag zur Produktion eine öffentliche Stelle leistet. Zudem unterstellt die Schaffung von Arbeitsplätzen durch bloße Arbeitsplatzteilung, die Arbeit von Erwerbstätigen könne ebenso gut von ehemaligen Arbeitslosen verrichtet werden. Das trifft zum Teil zu, aber nicht immer. Die Auswirkungen fiskalischer Umverteilung auf die Arbeitslosigkeit sind jedoch viel zu unspektakulär, als dass diese Fragen bereits entschieden wären – zumal die Arbeitsplätze, die man derart zum Beispiel im Dienstleistungssektor schaffen könnte (Gaststättengewerbe, Einzelhandel ...), ein geringeres Ansehen als die Arbeitsplätze in der Industrie während der *trente glorieuses,* der glorreichen Nachkriegsjahrzehnte genießen, was häufig eine abschreckende Wirkung hat.

Negative Einkommensteuer und «Bürgereinkommen». Seit den 1960er- und 1970er-Jahren hat ein allem Anschein nach radikaler Vorschlag zur Reformierung der fiskalischen Umverteilung große Aufmerksamkeit erregt: Jeder Erwachsene solle in den Genuss einer universalen Transferleistung, das heißt ein und derselben monatlichen Geldsumme kommen, ungeachtet seines Einkommens und seiner Stellung auf dem Arbeitsmarkt. Zunächst in der minimalistischen Absicht vorgebracht, das segensreiche Wirken des Marktes möglichst wenig zu stören und alle anderen Formen «sozialer Sicherung» durch eine einzige, knapp bemessene Zuwendung zu ersetzen [Friedman, 1962], wurde dieser Vorschlag seither unter dem Titel eines jedermann zustehenden «Bürgereinkommens» oder *basic income* von den Fürsprechern einer substanzielleren Umverteilung aufgegriffen [Van Parijs, 1995]. In seiner ursprünglichen Form war dieser Universaltransfer als Teil einer negativen Einkommensteuer gedacht. Die Transferleistung sollte durch Belastung aller Erwerbseinkommen mit einem einzigen Grenzsteuersatz finanziert werden. Je höher die universale Transferleistung, desto höher musste auch der Grenzsteuersatz sein. Das war die Lektion, die auch der einzige Politiker, der diese Urversion der negativen Einkommensteuer in großem Maßstab einführen wollte, der demokratische Präsidentschaftskandidat MacGovern lernen musste, als den US-amerikanischen Wählern während des Präsidentschaftswahlkampfs 1968 bewusst wurde, dass der vorgeschlagene Grenzsteuersatz von 33,3 % nicht annähernd ausreichen würde, um den geplanten Transfer zu finanzieren. Es handelt sich also um ein ganz anderes Instrument als den EITC, der sich mit seinem negativen Grenzsteuersatz von –40 % in die bestehenden Transfer- und Abgabesysteme einfügt und nicht Erwerbslosen zugutekommt, sondern erst bei individuellem Erwerbseinkommen greift, um dann auf 40 % zu steigen.

Vor dem Hintergrund der bisherigen Überlegungen mögen diese Vorschläge zunächst überraschen. Tatsächlich liegt es auf der Hand, dass der «universale» Transfer, der ja finanziert werden will, ab einem bestimmten Einkommensniveau zwangsläufig geringer als die Steuern ist, die gezahlt werden müssen. Weshalb sollte man aber sozusagen die bestehende Grundsicherung auf alle ausdehnen, wenn dafür die Steuern auf hohe Einkommen um einen Betrag erhöht werden müssen, der über dem gezahlten Grundeinkommen liegt? Wenn es darum geht, die effektive Grenzabgabenlast auf Niedriglöhnen zu senken, ohne Transferleistungen für Erwerbslose reduzieren zu müssen, wäre es dann nicht einfacher, wenn Geringverdiener einen Teil der Grundsicherung (RMI) behalten dürften oder aber die Abgabenlast auf Niedriglöhnen verringert und auf mittlere und hohe Einkommen umgeschichtet würde? Alles, was das Bürgereinkommen gegen die existierenden «Armutsfallen» auszurichten vermöchte, könnte ebenso gut mit den bestehenden Steuerinstrumenten umgesetzt werden, statt die gesamte Umverteilung durch einen Universaltransfer zu ersetzen.

Auf den zweiten Blick offenbart das Bürgereinkommen jedoch eine Reihe von versteckten Vorzügen. So kann es Sozialhilfeempfängern, die im Begriff sind, eine Arbeit anzunehmen, eine Einkommensgarantie geben und damit den Arbeitsanreiz erhöhen. Wer seinen Job wieder verliert, kann zumindest auf sein Mindesteinkommen zurückgreifen, da er es nie verloren hat, während er im Rahmen des französischen Systems der Grundsicherung seinen Anspruch erneut geltend machen muss und nicht allein mit sozialer Stigmatisierung, sondern auch mit Unwägbarkeiten und administrativen Verzögerungen rechnen muss [Van Parijs, 1995]. Eine universale Transferleistung mag also, wie es die «Libertären von links» sehen, eine weniger inquisitorische Sozialpolitik ermöglichen, da sie nicht vom sozialen Status und Familienstand des Einzelnen abhängig ist.

Effiziente Umverteilung

Ungleichheit ruft nach einer kollektiven Umverteilungsanstrengung häufig nicht allein, weil sie unserem Sinn für soziale Gerechtigkeit widerspricht, sondern weil sie auch eine ungeheure Vergeudung von Humanressourcen darstellt, die besser zum Nutzen aller verwendet werden könnten. Typische Beispiele sind Diskriminierung oder eine Monopsonstellung auf dem Arbeitsmarkt. Es wäre nicht nur beleidigend, sondern auch ineffizient, wollte man das Opfer einer Diskriminierung oder Ausbeutung durch den Arbeitgeber zum Ausgleich für diese Ungerechtigkeit mit einem fiskalischen Transfer abspeisen. Ungleichheiten dieser Art erfordern Umverteilungsinstrumente, die mit einer Umverteilung des Einkommens zugleich diese Formen der Ineffizienz oder des Marktversagens korrigieren, wie die *affirmative action,* einen Mindestlohn oder andere direkte Eingriffe in den Arbeitsmarkt.

Bildungspolitik und Ausbildungsprogramme können in ganz unterschiedlichen Gestalten ebenfalls wirksame Instrumente effizienter Umverteilung sein, die zu einer strukturellen Eindämmung der Ungleichheit der Arbeitseinkommen beitragen. Wir sind auf diese beiden Instrumente in Kapitel 3 eingegangen. Zwei andere Typen effizienter Umverteilung sind von erheblicher historischer und politischer Bedeutung gewesen: Sozialversicherungen und keynesianische Nachfragepolitik.

Umverteilung und Sozialversicherungen. Die Unvollkommenheit des Kreditmarkts oder, einfacher formuliert, die Tatsache, dass man «nur den Reichen etwas leiht», ist für die offensichtlichste Form ineffizienter Ungleichheit verantwortlich. Ihre Offensichtlichkeit hat es indessen nicht einfacher gemacht, ein wirksames Mittel gegen sie zu finden (vgl. Kapitel 2). Tatsächlich gibt es die Anreiz- und Informationsdefizite, die der Kreditrationierung zugrunde liegen, in jedem intertemporalen Markt und insbesondere im Versicherungsmarkt. Das könnte eine Erklärung dafür sein, dass der Markt sich als unfähig erweist, für eine funktionierende Sozialversicherung zu sorgen. Und es bietet zugleich eine Rechtfertigung der gesetzlich geregelten sozialen Sicherungssysteme, die das Herzstück des modernen Sozialstaats bilden.

Effiziente Sozialversicherungen. So hat zum Beispiel noch keine private Versicherungsgesellschaft einen tragfähigen Versicherungsvertrag angeboten, der das Risiko zeitweiliger Arbeitslosigkeit durch eine garantierte Lohnersatzleistung abdeckt, obwohl eine solche Versicherung offenbar hilfreich wäre und eine große Zahl von Menschen für sie zahlen würde. Einer der Gründe dieses Marktversagens liegt auf der Hand: Es ist, zumal über einen längeren Zeitraum, nicht leicht zu kontrollieren, wie hoch individuelles Erwerbseinkommen wirklich ist, und der Betroffene selbst hat stets ein Interesse daran, ein zu geringes Einkommen anzugeben, um eine niedrigere Prämie zu zahlen. Der Staat ist gegenüber privaten Gesellschaften dadurch im Vorteil, dass er über größere rechtliche Befugnisse und einen leistungsfähigeren Verwaltungsapparat verfügt (oder sie im Lauf der Zeit erworben hat), um die tatsächlichen Einkommen und mit ihnen den Anspruch auf Arbeitslosenversicherung zu überprüfen.

Ein anderer wichtiger Faktor ist das Problem der Antiselektion. Wenn Versicherungsnehmer genauer als Versicherer darüber informiert sind, wie hoch ihr Risiko ist, werden die Versicherungsgesellschaften darin wetteifern, möglichst risikoarme Kunden zu werben und Risikokunden zu vermeiden. Das kann dazu führen, dass sie Verträge anbieten, die nur auf dieses Ziel gerichtet sind. Solche Verträge, die zum Beispiel unnötig hohe Selbstbeteiligungen vorsehen oder nur geringe Risiken abdecken, sind aber ineffizient. Als besonders problematisch kann sich das im Fall der Krankenversicherung erweisen, in dem die Versicherten häufig über besonders viele private Informationen über ihre Risiken verfügen. In solchen Situationen kann der Wettbewerb völlig ineffizient werden – und das nicht allein für Versicherte mit hohem Risiko, die ihren Versicherungsschutz verlieren könnten, sondern auch für Versicherte mit niedrigem Risiko, denen ineffiziente Verträge angeboten werden. Die Einführung einer Pflichtversicherung, die für alle gleich ist, kann dann im Interesse aller sein, unter Einschluss derer mit niedrigerem Risiko, obwohl sie dann jene mit hohem Risiko subventionieren [Rothschild und Stiglitz, 1976]. Der gleiche Sachverhalt mag auch für die staatliche Regulierung anderer Versicherungsmärkte sprechen, etwa des Markts für Autoversicherungen [Henriet und Rochet, 1988].

Eine völlig andere Rechtfertigung für eine gesetzliche Krankenversicherung liegt in der Tatsache, dass Gesundheit eine Ware ist, deren Wert nur der Anbieter (der Arzt) wirklich einschätzen kann, was zu überhöhten Preisen und Konsumniveaus führen kann [Arrow, 1963]. Dieses Argument wird häufig angeführt, um die unverhältnismäßig hohen Gesundheitsausgaben in Ländern wie den Vereinigten Staaten zu erklären, in denen die private Krankenversicherung überwiegt, und für eine Regulierung der Ausgaben durch die öffentliche Hand zu plädieren.

Die Unvollkommenheit intertemporaler Märkte spricht ebenfalls für staatliche Rentensysteme. Auch hier gibt es Antiselektion, da eine Altersrente ihrerseits eine «Überlebensversicherung» ist. Und die Märkte, die Ersparnis in Lebenszeitrenten umwandeln sollen, sind alles andere als vollkommen. Aber das Problem des privaten Informationsvorsprungs bezüglich der eigenen Lebenserwartung ist im Fall der Altersrente zweifellos weniger gravierend als im Hinblick auf das Arbeitslosigkeits- und Gesundheitsrisiko. Der Hauptgrund für den Vorzug eines staatlichen Rentensystems ist die Unvollkommenheit der Märkte, die den Transfer von Einkommen zwischen Arbeitsleben und

Ruhestand ermöglichen sollen. Wenn die Märkte sich als unfähig erweisen, die Sicherheit der angesparten Rente zu garantieren, insbesondere für Geringverdiener, die nur bedingt Zugang zu Geldanlagen haben, kann ein staatlich garantiertes Rentensystem dieses Defizit ausgleichen.

In dieser wie in ähnlichen Situationen, in denen der Markt und das Spiel des Wettbewerbs oft nicht in der Lage sind, die Güter und Dienste anzubieten, die für die Konsumenten lebenswichtig sind, kann ein staatliches Pflichtsystem effizient Abhilfe schaffen. Das rechtfertigt es auch, die dafür anfallenden Ausgaben gesondert von anderen öffentlichen Ausgaben zu behandeln, und Abgaben zu ihrer Finanzierung nicht in die Berechnung der Durchschnitts- und Grenzabgabensätze der fiskalischen Umverteilung eingehen zu lassen. Wenn der Lohn eines Arbeitnehmers von 5000 auf 10000 Francs steigt, verdoppelt sich auch die Höhe seines Rentenanspruchs. Alle zusätzlichen Abgaben, die er dann entrichtet, müssen als «aufgeschobenes» Einkommen behandelt werden. Bei Berücksichtigung der Gesamtsumme dieses aufgeschobenen Einkommens müsste man die in Grafik 2 ausgewiesenen «effektiven» Durchschnitts- und Grenzabgabensätze um etwa 15–20 Punkte niedriger ansetzen [Piketty, 1997]. Ein System, in dem alle sozialen Sicherungen auf Abgaben beruhten, die für alle gleich wären und die zum Erwerb von «aufgeschobenen Einkommen» führten, würde gar keine Umverteilung einschließen, sondern sich auf eine effiziente Korrektur des Marktversagens beschränken. Sozialabgaben entsprächen dann nur den Zahlungen, zu denen jeder bereit wäre, um die gewünschte Deckung zu erreichen, wenn der Markt sie nur anbieten könnte.

Sind Sozialversicherungen ein Instrument fiskalischer Umverteilung? Nicht alle Ausgaben der sozialen Sicherungssysteme bleiben gegenüber der fiskalischen Umverteilung zwischen Arbeitnehmern neutral. Der einfachste Fall ist die Krankenversicherung: Sie wird in Frankreich durch eine Abgabe finanziert, die sich proportional zum Einkommen verhält, während die meisten Kosten, etwa Behandlungs- und Krankenhauskosten, für alle gleich sind. Allein dieser Umverteilungseffekt würde ein solches System auch dann rechtfertigen, wenn es nicht aus Gründen der Effizienz geboten wäre. Solange eine wirkliche Umverteilung von Kapital zu Arbeit sich nicht verwirklichen lässt, ist eine obligatorische gesetzliche Krankenversicherung, wie es sie in Frankreich gibt, nichts anderes als eine besondere Form der Negativsteuer, die durch eine proportionale Abgabe auf Arbeitseinkommen einen Pauschaltransfer finanziert, der allen zugutekommt und dem Durchschnitt der Gesundheitsausgaben entspricht. Obwohl es sich dabei um eine Form der «reinen Umverteilung» handelt, spricht übrigens nichts dagegen, die Krankenversicherung gesondert von der übrigen fiskalischen Umverteilung zu verbuchen, indem man sie als spezifische Abgabe behandelt. Das hat den Vorteil, dass jeder sie deutlich als solche erkennen und die Gesundheitskosten mit anderen Ausgaben vergleichen kann. Bildungsausgaben könnten auf dieselbe Weise finanziert werden.

Da eine nennenswerte direkte Umverteilung zwischen Erwerbstätigen fehlt, sind diese beiden Sozialausgaben, für Gesundheit und Bildung, die Hauptsäulen der heutigen Umverteilung, die nicht durch monetäre Transferleistungen, sondern durch Ausgaben der öffentlichen Hand erreicht wird. In beiden Fällen (im Letzteren zumindest bei Ausgaben für den primären und sekundären Bildungsbereich) handelt es sich um Pauschaltransfers, die unabhängig von der Höhe ihres Einkommens allen gleichermaßen zugutekommen und durch Abgaben finanziert werden, die proportional oder leicht progressiv mit dem Einkommen steigen. Durch den Umfang dieser Umverteilung durch Sachleistungen, und nicht durch monetäre Transfers, die überall unerheblich sind, unterscheiden sich im Übrigen Länder mit starker Umverteilung von Ländern mit schwacher Umverteilung. So erhalten zum Beispiel ein französischer und ein US-amerikanischer Mindestlohnempfänger in etwa den gleichen Nettolohn. Aber der fundamentale Unterschied besteht darin, dass der US-amerikanische Mindestlohnempfänger sowohl Gesundheitsleistungen als auch die oft sehr hohen Bildungsausgaben für seine Kinder aus eigener Tasche zahlen muss. Es ist also diese fiskalische Umverteilung, durch die ein

Mindestlohnempfänger in Frankreich unbestreitbar besser dasteht als in den Vereinigten Staaten (es sei denn, er ist jung, erfreut sich bester Gesundheit und hat, was auf Mindestlohnempfänger häufig zutrifft, keine Kinder).

Ganz anders sieht es mit den umlagefinanzierten staatlichen Rentensystemen aus, die mit sehr großem Abstand den größten Teil der Sozialausgaben ausmachen. Gewiss erwirbt man durch Abgaben, die proportional zum Einkommen während des Erwerbslebens gezahlt werden, einen Anspruch auf Transferleistungen im Ruhestand, die sich ihrerseits proportional zu den vergangenen Einkünften verhalten. Man könnte also meinen, die Umverteilungsbilanz sei neutral. Tatsächlich entsteht aber eine fundamentale Ungleichheit im Rentensystem durch die Ungleichheit der Lebenserwartungen. Arbeitnehmer mit niedrigem Einkommen haben im Allgemeinen eine deutlich geringere Lebenserwartung als solche mit hohem Einkommen. Also beziehen sie auch ihre Rente während eines deutlich kürzeren Zeitraums.

Aus Untersuchungen, die das französische Rentensystem in seiner Gesamtheit berücksichtigen, geht hervor, dass Führungskräfte für 1 Franc, den sie während ihres Berufslebens gezahlt haben, Rentenzahlungen erhalten, die mehr als 50% höher sind als die eines Arbeiters [Chassard und Concialdi, 1989, S. 76]. Renten führen, anders gesagt, zu einer Umverteilung von unten nach oben. Ein großer Teil der von Arbeitern gezahlten Abgaben dient faktisch dazu, die Renten von Führungskräften zu finanzieren. Natürlich muss man bedenken, dass ein kapitalgedecktes privates Rentensystem die Arbeiter unter Umständen ganz ohne Rente zurückgelassen hätte – nämlich dann, wenn ihre durch Abgaben gebildeten Rücklagen der Spekulation und der Unvollkommenheit intertemporaler Märkte zum Opfer gefallen wären. Die desaströsen Erfahrungen, die man zwischen den Weltkriegen mit Pensionsfonds gemacht hatte, belegen die sehr reale Unfähigkeit der Finanzmärkte, eine durch Rücklagen finanzierte Altersversorgung zu garantieren. Und diese Erfahrungen waren es auch, die zur Einrichtung umlagefinanzierter staatlicher Rentensysteme geführt hatten. Aber man muss auch anerkennen, dass diese Unfähigkeit seither stark abgenommen hat. Die in den 1990er-Jahren angebotenen Finanzprodukte ermöglichen sehr viel bessere Kollektivanlagen mit garantierter Rendite, und das auch bei «kleinen» Rücklagen wie den 1500 Francs Rentenbeiträgen (Arbeitnehmer- und Arbeitgeberanteil), die ein Mindestlohnempfänger 1996 für Altersvorsorge zahlen muss.

Der Übergang zu einem kapitalgedeckten privaten System würde das Problem der Ungleichheit der Lebenserwartungen nur bedingt lösen, da die an solchen Kollektivanlagen beteiligten Anleger ihrerseits ganz unterschiedliche Einkommen und Lebenserwartungen hätten – wie in den umlagefinanzierten staatlichen Rentensystemen auch. Aber ganz unabhängig davon liegt das Hauptproblem zweifellos darin, dass der Übergang vom einen System zum anderen nur ganz allmählich vonstattengehen kann. Es wäre ungerecht, denjenigen, die sich dem Ende ihres Arbeitslebens nähern, eine Altersversorgung vorzuenthalten, die man ihnen stets versprochen hatte, selbst wenn deren Finanzierung auf Umverteilung von unten nach oben beruht.

Natürlich sehen die staatlichen Rentensysteme stets eine Mindestrente oder Altersgrundsicherung vor, die auch dann zur Auszahlung kommen, wenn im Laufe des Erwerbslebens keine ausreichenden Beiträge gezahlt wurden, und daher fraglos Umverteilungscharakter haben. Wenn es den westlichen Ländern gelungen ist, die andernfalls erhebliche «Altersarmut» einzudämmen, und damit die Ungleichheit der Haushaltseinkommen spürbar zu reduzieren, dann ist das diesen Mindestrenten und Grundsicherungen zu danken. Gleichwohl machen diese Transferleistungen nur einen sehr geringen Anteil der Renten in Frankreich und anderen kontinentaleuropäischen Ländern aus. Zudem haben entsprechende Mindestsicherungen diese segensreiche Wirkung auch in Ländern entfaltet, in denen staatliche Rentensysteme ausschließlich um dieses «minimalistischen» Zwecks willen ins Leben gerufen wurden, wie in Großbritannien und den Vereinigten Staaten.

Diese durchwachsene Bilanz der staatlichen Rentensysteme zeigt auch, wie gefährlich es ist, an den Mythos von der «Versicherungs-Gesellschaft» [Rosanvallon, 1995] zu glauben. Denkt man Umverteilung insgesamt nach dem Modell der Sozialversicherung, so geht man davon aus, die Mitglieder einer Gesellschaft seien alle den gleichen Risiken ausgesetzt, gegen die es sich kollektiv zu versichern gilt. Darüber versäumt man es aber leicht, die Ungleichheit zwischen Arbeitnehmern herauszustellen oder sich zu fragen, wem genau eine bestimmte Ausgabe jeweils zugutekommt, und läuft so Gefahr, die nötigen Umverteilungen, etwa zwischen Erwerbstätigen, nicht in Angriff zu nehmen oder auf Umverteilungen zu setzen, die in Wahrheit gar keine sind – wie es nicht nur der Fall der Renten belegt, sondern auch bestimmte Umverteilungen durch Sachleistungen, zum Beispiel die Hochschulbildung, die namentlich in Frankreich häufig eine Umverteilung von niedrigen zu hohen Einkommen darstellt.

Umverteilung und Nachfrage. «Keynesianische» Nachfragepolitik ist ein Mechanismus effizienter Umverteilung, der in der zeitgenössischen Theorie und Praxis staatlicher Interventionen einen festen Platz behauptet. In ihrer Populärversion besagt die Theorie, dass Lohnerhöhungen die Nachfrage nach Konsumgütern und Dienstleistungen ankurbeln – und mit ihr die Wirtschaftstätigkeit wie das Beschäftigungsniveau. Für die Umverteilung wäre das die beste aller Welten: Es geht mit allem aufwärts, und niemand muss dafür zahlen! So bestechend die Vorstellung eines solchen Mechanismus auch ist – sie steht begrifflich und empirisch auf eher schwachen Füßen. Weshalb soll Umverteilung der Nachfrage die Wirtschaftstätigkeit anregen? Wenn es nur darum geht, Kaufkraft von Unternehmern und Kapitalisten auf Arbeitnehmer umzuverteilen, mag das aus Gründen der sozialen Gerechtigkeit eine großartige Idee sein. Nur ist nicht recht zu sehen, warum dadurch die Gesamtnachfrage wachsen sollte, es sei denn, man wollte annehmen, dass Unternehmen und Kapitalisten ihre Kaufkraft nicht nutzen, und zwar weder für Konsum noch für Investitionen. Aber «schlafende» Kaufkraft gibt es nicht oder zumindest sehr selten: Kaufkraft, die nicht unmittelbar für Konsum aufgewendet wird, wird stets auf die eine oder andere Weise irgendwo investiert, zum Beispiel in Staatsanleihen. Eine mögliche Deutung wäre, dass auch bei identischem Gesamtvolumen der Nachfrage nach Konsumgütern und Dienstleistungen eine Veränderung ihrer Struktur die Wirtschaftstätigkeit anregen kann. Zum Beispiel dann, wenn nicht für Konsum aufgewendetes Einkommen nicht optimal investiert wurde und eine Umverteilung zugunsten der Arbeitnehmer oder Mobilisierung dieser Ressourcen zu aussichtsreicheren Investitionen führen kann. Ein anderes klassisches Argument lautet, eine Umverteilung der Kaufkraft könne die Nachfrage auf Güter verlagern, die sich effizient nur in großem Maßstab produzieren lassen und damit die Gesamtwirtschaftstätigkeit auf Kosten kleinerer Betriebe beleben. So kann zum Beispiel sehr starke Ungleichheit der Kaufkraft die Industrialisierung verhindern oder verzögern, weil die Armen zu arm sind, um ausreichende Nachfrage nach Industriegütern zu erzeugen, während die Nachfrage der Reichen sich auf importierte Güter und haushaltsnahe Dienstleistungen konzentriert [Murphy et al., 1989; Piketty, 1994, S. 791–794].

Es fehlt also nicht an Argumenten dafür, dass Umverteilung der Kaufkraft zugleich Ungleichheit eindämmen und zum Wohle aller die Wirtschaftstätigkeit beleben kann. Allerdings gibt es keinen Grund zu der Annahme, die Voraussetzungen für das Funktionieren dieses Mechanismus seien immer erfüllt. Ob dem so ist, muss von Fall zu Fall entschieden werden. Zudem verstehen zeitgenössische Ökonomen den keynesianischen Mechanismus ganz anders, als seine traditionelle Deutung es tat. Sie gehen im Allgemeinen davon aus, dass Preise und Löhne sich kurzfristig nicht rasch genug anpassen, zum Beispiel aufgrund fixer Nominallöhne, und dass allein durch eine Inflation und dank dadurch sinkender Reallöhne die Wirtschaftstätigkeit angekurbelt und das Beschäftigungsniveau erhöht werden können. Die Vorstellung, Inflation könne Wirtschaftsstrukturen «ölen» und lockern, führt uns weit weg von jener besten aller möglichen Umverteilungswelten, in der es im Gegenteil die wachsende Kaufkraft der Arbeitnehmer war, die den Aufschwung ermöglichen sollte! Die anderen Ingredienzien dieser Wachstumspolitik, etwa eine Erhöhung der Staatsschuld, die unweigerlich die Kapitalnachfrage und mit ihr die Kapitalrendite erhöhen, haben oft eine ebenso zweifelhafte Umverteilungswirkung. Zudem machen sich die Wachstumseffekte derartiger konjunkturpolitischer Maßnahmen, wo es sie überhaupt gibt, im Allgemeinen nur kurzfristig bemerkbar und können daher kaum als Raster einer systematischen Analyse der Bedingungen von Umverteilung dienen, vor allem verglichen mit den wirksamen strukturellen Instrumenten, die wir analysiert haben.

Das Beispiel dieser keynesianischen Umverteilung zeigt auch, wie fruchtlos es mitunter ist, auf eine effiziente Umverteilung zu hoffen, die alle Probleme auf einmal lösen würde. Das hatte sich schon anlässlich des Mythos einer «Versicherungs-Gesellschaft» gezeigt, aber die Gefahr ist von sehr viel allgemeinerer Tragweite. So ist es zum Beispiel ebenso illusorisch wie kontraproduktiv, jede Ungleichverteilung von Humankapital auf Diskriminierung zurückzuführen oder zu behaupten, niedrige Löhne seien stets Folge einer Monopsonmacht der Arbeitgeber. Natürlich müssen Möglichkeiten effizienter Umverteilung identifiziert werden, wo immer es sie gibt. Wer aber in jeder Ungleichheit den Ausdruck einer groben Marktineffizienz ausmachen will, um ihr mit irgendeinem mythischen Gewaltstreich ein Ende zu setzen, vergisst darüber leicht, dass die notwendigen Steuern gezahlt werden müssen, um Fiskaltransfers zu finanzieren, die vielleicht nicht jede Ungleichheit aus der Welt schaffen, aber doch in der Lage sind, die ganz reale Ungleichheit der Lebensumstände zu mildern.

Bibliografie

American Economic Review, AER.
Journal of Political Economy, JPE.
Quarterly Journal of Economics, QJE.

ADELMAN, I./ROBINSON, S. [1989], «Income distribution and development», *Handbook of Development Economics*, Bd. 2, New York: North-Holland.
AKERLOF, G./YELLEN, J. [1990], «The fair wage-effort hypothesis and unemployment», *QJE* 105, S. 255–283.
ARROW, K. [1963], «Uncertainty and the welfare economics of medical care», *AER* 53, S. 941–973.
– [1973], «The theory of discrimination», in: ASHENFELTER, O./REES, A. (Hg.), *Discrimination on Labor Markets*, Princeton: Princeton University Press.
ATKINSON, A. [1983], *The Economics of Inequality*, Oxford: Clarendon Press.
ATKINSON, A./RAIWATER, L./SMEEDING, T. [1995], *Income Distribution in OECD Countries*, Paris: OECD.
ATKINSON, A./STIGLITZ, J. [1980], *Lectures on Public Economics*, New York: McGraw-Hill.
BANERJEE, A./GHATAK, M. [1995], *Empowerment and Efficiency: the Economics of Tenancy Reform*, Cambridge: MIT.
BANERJEE, A./NEWMAN, A. [1993], «Occupational choice and the process of development», *JPE* 101, S. 274–299.
BECKER, G. [1964], *Human Capital*, New York: Columbia University Press.
– [1991], *A Treatise on the Family*, Cambridge: Harvard University Press.
BENABOU, R. [1993], «Workings of a city: location, education, production», *QJE* 108, S. 619–652.
– [1996], «Inequality and growth», NBER Macroeconomics Annual 1996.
BEWLEY, T. [1994], *A Field Study on Downward Wage Rigidity*, New Haven: Yale University.
BLAU, F./KAHN, L. [1994], «The impact of wage structure on trends in US gender wage differentials», *NBER* 4748.
BLUNDELL, R. [1995], «The impact of taxation on labor force participation and labor supply», in *Taxation, Employment and Unemployment* (Kapitel 3), The OECD Jobs Study, Paris: OECD.
BOOTH, A./SNOWER, D. [1996], *Acquiring Skills: Market Failures, their Symptoms and Policy Responses*, Cambridge: Cambridge University Press.
BOUDON, R. [1973], *L'Inégalité des chances,* Paris: Armand Colin.
BOURDIEU, P./PASSERON, J.-C. [1964], *Les Héritiers,* Paris: Minuit.
– [1970], *La Reproduction,* Paris: Minuit.
BOURGUIGNON, F. [1981], «Pareto-superiority of unegalitarian equilibria in Stiglitz' model of wealth distribution with convex savings function», *Econometrica* 49, S. 1469–1475.

BOURGUIGNON, F./MARTINEZ, M. [1996], *Decomposition of the Change in the Distribution of Primary Family Incomes: a Microsimulation Approach Applied to France, 1979–1989*, DELTA.

CARD, D. [1992], «The effect of unions on the distribution of wages: redistribution or relabelling?», *NBER* 4195.

CARD, D./FREEMAN, R. [1993], *Small Differences That Matter: Labor Markets and Income Maintenance in Canada and the United States*, Chicago: University of Chicago Press.

CARD, D./KRAMARZ, F./LEMIEUX, T. [1996], «Changes in the relative structure of wages and employment: a comparison of the United States, Canada and France», *NBER* 5487.

CARD, D./KRUEGER, A. [1992], «Does school quality matter?», *JPE* 100, S. 1–40.

– [1995], *Myth and Measurement: the New Economics of the Minimum Wage*, Princeton: Princeton University Press.

CHAMLEY, C. [1996], *Capital Income Taxation, Income Distribution and Borrowing Constraints*, DELTA.

CHASSARD, Y./CONCIALDI, P. [1989], *Les Revenus en France*, Paris: La Découverte.

COATE, S./LOURY, G. [1993], «Will affirmative action eliminate negative stereotypes?», *AER* 83, S. 1220–1240.

COHEN, D./LEFRANC, A./SAINT-PAUL, G. [1996], «French unemployment: a transatlantic perspective», *Economic Policy*.

COLEMAN, J. [1966], *Equality of Educational Opportunity*, Washington: US Department of Health, Education and Welfare.

COOPER, S./DURLAUF, S./JOHNSON, P. [1994], «On the transmission of economic status across generations», *ASA Papers and Proceedings*, S. 50–58.

CSERC [1996], *Les Inégalités d'emploi et de revenu*, Paris: La Découverte.

DAVIS, S. [1992], «Cross-country patterns of change in relative wages», *NBER Macroeconomics Annual 1992*.

DOUGLAS, P. [1976], «The Cobb- Douglas production function once again: its history, its testing and some new empirical values», *JPE* 84, S. 903–915.

DRÈZE, J./SEN, A. [1995], *India: Economic Development and Social Opportunity*, Delhi: Oxford University Press.

DUCAMIN, R. [1995], *Rapport de la commission d'études des prélèvements fiscaux et sociaux pesant sur les ménages*, Paris: Ministère de l'Économie et des Finances.

DUMÉNIL, G./LÉVY, D. [1996], *La Dynamique du capital: un siècle d'économie américaine*, Paris: Presses universitaires de France.

EHRENBERG, R./SMITH [1994], *Modern Labor Economics*, New York: Harper & Collins.

EISSA, N./LIEBMAN, J. [1996], «Labor supply response to the earned income tax credit», *QJE* 111, S. 605–637.

ERIKSON, R./GOLDTHORPE, J. [1992], *The Constant Flux: A Study of Class Mobility in Industrial Societies*, Oxford: Clarendon Press.

ERICKSON, C./ICHINO, A. [1995], «Wage differentials in Italy», in: KATZ, L./FREEMAN, R. (Hg.), *Differences and Changes in Wage Structure*, Chicago: University of Chicago Press.

FEENBERG, D./POTERBA, J. [2000], «The income and tax share of very high income households», *AER 90 (2)*.

FELDSTEIN, M. [1995], «The effect of marginal tax rates on taxable income: a panel study of the 1986 *Tax Reform Act*», *JPE* 103, S. 551–572.

FLEURBAEY, M. [1996], *Théories économiques de la justice*, Paris: Economica.

FMI [1996], *World Economic Outlook*.

FREEMAN, R. [1973], «Changes in the labor market status of Black Americans, 1948–1972», *Brookings Papers on Economic Activity* 1, S. 67–120.

– [1995], «Are your wages set in Beijing?», *Journal of Economic Perspectives* 93, S. 15–32.

– [1996], *Disadvantaged Young Men and Crime*, Cambridge: Harvard University.

FREEMAN, R./MEDOFF, J. [1984], *What Do Unions Do?*, New York: Basic Books.

FRIEDMAN, M. [1962], *Capitalism and Freedom*, Chicago: University of Chicago Press.

GOLDIN, C./MARGO, R. [1992], «The great compression: the wage structure in the United States at mid-century», *QJE* 107, S. 1–34.

GOOLSBEE, A. [1997], «What happens when you tax the rich? Evidence from executive compensation», *NBER Working Paper* 6333.

GOTTSCHALK, P. [1993], «Changes in inequality of family income in seven industrialized countries», *AER* 83–2, S. 136–142.

GOUX, D./MAURIN, E. [1996], «Meritocracy and social heredity in France: some aspects and trends», *European Sociological Review*.

HAMMERMESH, D. [1993], *Labor Demand*, Princeton: Princeton University Press.

HARHOFF, D./KANE, T. [1994], «Financing apprenticeship training: evidence from Germany», *NBER* 4557.

HENRIET, D./ROCHET, J.-C. [1988], «Équilibres et optima sur les marchés d'assurance», in: *Mélanges économiques en l'honneur d'Edmond Malinvaud*, Paris: Economica.

HERRNSTEIN, R./MURRAY, C. [1994], *The Bell Curve: Intelligence and Class Structure in American Life*, New York: The Free Press.

INSEE [1994], «Un siècle de données macroéconomiques», *INSEE Résultats* 303–304.

– [1995], «Revenus et patrimoine des ménages, édition 1995», *INSEE Synthèses* 1.

– [1996 a], «Séries longues sur les salaires», *INSEE Résultats* 457.

– [1996 b], «Revenus et patrimoine des ménages, édition 1996», *INSEE Synthèses* 5.

– [1996 c], «Rapport sur les comptes de la nation 1995», *INSEE Résultats* 471/472/473.

– [1996 d], «L'évolution des salaires jusqu'en 1994», *INSEE Synthèses* 4.

– [2002], «Les salaires dans l'industrie, le commerce et les services en 2000», *INSEE Résultats Sociétés* 7.

JUDD, K. [1985], «Redistributive taxation in a simple perfect foresight model», *Journal of Public Economics* 28, S. 59–83.

JUHN, C./MURPHY, K./PIERCE, B. [1993], «Wage inequality and the rise in returns to skill», *JPE* 101, S. 410–442.

JUHN, C./MURPHY, K./TOPEL, R. [1991], «Why has the natural rate increased over time?», *Brookings Papers on Economic Activity* 2, S. 75–142.

KAHNEMAN, D./KNETSCH, J./THALER, R. [1986], «Fairness as a constraint on profit seeking», *AER* 76, S. 728–741.

KATZ, L., LOVEMAN, G./BLANCHFLOWER, D. [1995], «A comparison of changes in the structure of wages in four OECD coutries», in: FREEMAN, R./KATZ, L. (Hg.), *Differences and Changes in Wage Structure*, Chicago: University of Chicago Press.

KOLM, S. C. [1972], *Justice et équité*, Paris: Éditions du CNRS.

KRAMARZ, F./LOLLIVIER, S./PELÉ, L. [1995], «Wage inequalities and firm-specific compensation policies in France», *Document de travail INSEE-CREST* 9518.

KREMER, M./MASKIN, E. [1996], «Wage inequality and segregation by skill», *Working Paper NBER* 5718.

KRUEGER, A./SUMMERS, L. [1988], «Efficiency wages and the interindustry wage structure», *Econometrica* 56, S. 259–293.

KRUSSEL, P./OHANIAN, L./RIOS-RULL, J. V./VIOLANTE, G. [1996], «Capital-skill complementarity and inequality», University of Rochester.

KUZNETS, S. [1955], «Economic growth and economic inequality», *AER* 45, S. 1–28.

LANDAIS, C. [2007], «Les hauts revenus en France (1998–2006): une explosion des inégalités», *Working Paper PSE*.

LEFRANC, A. [1997], «Évolutions des marchés du travail français et américain entre 1970 et 1993», *Revue économique*.

LEMIEUX, T. [1993], «Unions and wage inequality in Canada and in the United States», in: CARD, D./FREEMAN, R. (Hg.), *Small Differences That Matter*, Chicago: University of Chicago Press.

L'HOMME, J. [1968], «Le pouvoir d'achat de l'ouvrier français au cours d'un siècle: 1840–1940», *Le Mouvement social* 63, S. 41–70.

LIEBMAN, J. [1996], *Essays on the Earned Income Tax Credit*, PhD Dissertation, Harvard.

LOLLIVIER, S./VERGER, D. [1996], «Patrimoine des ménages: déterminants et disparités», *Économie et Statistique* 296–297, S. 13–32.

LUCAS, R. [1990a], «Supply-side economics: an analytical review», *Oxford Economic Papers* 42, S. 293–316.

– [1990b], «Why doesn't capital flow from rich to poor countries?», *AER* 80, S. 92–96.

MANKIW, G./ROMER, D./WEIL, D. [1992], «A contribution to the empirics of economic growth», *QJE* 107, S. 407–437.

MEYER, C. [1995], *Income Distribution and Family Structure*, PhD Dissertation, MIT.

MORRISSON, C. [1991], «L'inégalité des revenus», in: LÉVY-LEBOYER, M./CASANOVA, J.-C. (Hg.), *Entre l'État et le marché: l'économie française de 1880 à nos jours*, Paris: Gallimard.

– [1996], *La Répartition des revenus*, Paris: Presses Universitaires de France.

MULLIGAN, C. [1996], *Parental Priorities and Economic Inequality*, Chicago: University of Chicago Press.

MURPHY, K./SHLEIFER, A./VISHNY, R. [1989], «Income distribution, market size and industrialisation», *QJE* 104, S. 537–564.

MURPHY, K./WELCH, F. [1993], «Inequality and relative wages», «Occupational change and the demand for skill», *AER* 83–2, S. 104–109, 122–126.

NEUMARK, D./WASCHER, W. [1994], «Employment effects of minimum and subminimum wages: reply to Card, Katz and Krueger», *Industrial and Labor Relations Review* 48, S. 497–512.

NIZET, J.-Y. [1990], *Fiscalité, économie et politique: l'impôt en France, 1945–1990*, Paris: LGDJ.

OECD [1985], *The Integration of Women in the Economy*, Paris.

– [1993], *Perspectives de l'emploi*, juillet.

– [1995], *Statistiques des recettes publiques des pays membres de l'OCDE, 1965–1994*.

– [1996], *Perspectives économiques de l'OCDE* 59.

– [2000], *Taux de chômage standardisés* (www.oecd.org).

PHELPS, E. [1968], «The statistical theory of racism and sexism», *AER* 62, S. 659–661.

– [1994], *Structural Slumps: the Modern Equilibrium Theory of Unemployment, Interest and Assets*, Cambridge: Harvard University. Press.

PIKETTY, T. [1994], «Inégalités et redistribution», *Revue d'économie politique* 104, S. 769–800.

– [1995], «Social mobility and redistributive politics», *QJE* 110, S. 551–584.

– [1997], «La redistribution fiscale face au chômage», *Revue française d'économie*.

– [1997 b], «Les créations d'emploi en France et aux États-Unis: ‹services de proximité› contre ‹petits boulots›?», *Actes de la fondation Saint-Simon* 93 (décembre) (*cf.* également *Économie et Statistique* 318 [1998–8], S. 73–99).

– [1998], «L'impact des incitations financières au travail sur les comportements individuels: une estimation pour le cas français», *Économie et Prévision* 132–133 (janvier–mars), S. 1–35.

– [1999], «Les hauts revenus face aux modifications des taux marginaux supérieurs de l'impôt sur le revenu en France, 1970–1996», *Économie et Prévision* 138–139 (avril–septembre), S. 25–60.

– [2001], Les Hauts Revenus en France au XXe siècle. Inégalités et redistributions 1901–1998, Paris: Grasset.

– [2011] «On the long run evolution of inheritance: France 1820–2050», *Quarterly Journal of Economics*.

– [2014] Das Kapital im 21. Jahrhundert, München: C.H.Beck.

PIKETTY, T./SAEZ, E. [2003], «Income inequality in the United States, 1913–1998», *Quarterly Journal of Economics* 118, S. 1–39.

– [2013], «A Theory of Optimal Inheritance Taxation», *Econometrica*.

PIKETTY, T./SAEZ, E./STANTCHEVA, S. [2014], «Optimal Taxation of Top Labor incomes: A Tale of Three Elasticities«, *American Economic Journal : Economic Policy*.

PIKETTY, T./ZUCMAN, G., «Capital is Back: Wealth-Income Ratios in Rich Countries, 1700–2010«, QJE, 2014.

RAWLS, J. [1972], *A Theory of Justice*, Oxford: Clarendon Press.

ROEMER, J. [1996], *Theories of Justice*, Harvard University Press, Cambridge.

ROSANVALLON, P. [1995], *La Nouvelle Question sociale*, Paris: Seuil.

ROTHEMBERG, J. [1996], «Ideology and the distribution of income», Cambridge: MIT.

ROTHSCHILD, M./STIGLITZ, J. [1976], «Equilibrium in competitive insurance markets», *QJE* 90, S. 629–650.

SHAVIT, Y./BLOSSFELD, H. P. [1993], *Persistent Inequality: Changing Educational Attainment in 13 Countries*, Boulder: Westview.

SLEMROD, J. [1995], «Income creation or income shifting? Behavioral responses to the *Tax Reform Act* of 1986», *AER* 85–2, S. 175–180.

SOLOW, R. [1956], «A contribution to the theory of economic growth», *QJE* 70, S. 65–94.

– [1958], «A skeptical note on the constancy of relative shares», *AER* 48, S. 618–631.

SPENCE, M. [1974], *Market Signalling: Informational Transfer in Hiring and Related Screening Processes*, Cambridge: Harvard University Press.

TOPEL, R. [1993], «What have we learned from empirical studies of unemployment and turnover?», *AER* 83, S. 110–115.

VAN PARIJS, P. [1995], *Real Freedom for All: What (If Anything) Can Justify Capitalism?*, Oxford: Clarendon Press.

WILLIAMSON, J. [1985], *Did British Capitalism Breed Inequality?*, Boston: Allen & Unwin.

WILLIAMSON, J./LINDERT, P. [1980], *American Inequality: A Macroeconomic History*, Academic Press, New York.

WILSON, W. J. [1987], *The Truly Disadvantaged: The Inner City, the Underclass and Public Policy*, Chicago: University of Chicago Press.

WOLFF, E. [1992], «Changing inequality of wealth», *AER* 82–2, S. 552–558.

YOUNG, A. [1995], «The tyranny of numbers: confronting the statistical realities of the East Asian growth miracles», *QJE* 110.